GÉOGRAPHIE

DE LA

NOUVELLE - CALÉDONIE

196.76. — Boulogne (Seine). — Imprimerie JULES BOYER.

NOS COLONIES (N° 1)

GÉOGRAPHIE

DE LA

NOUVELLE-CALÉDONIE

PAR

PAUL FAURE-BIGUET

Chef de bataillon au 85ᵉ de ligne

MEMBRE DE LA SOCIÉTÉ DÉ GÉOGRAPHIE

AVEC 5 CARTES EN CHROMO DRESSÉES PAR LASSAILLY FRÈRES

1° Nouvelle-Calédonie. : Carte générale.
2°   —   Partie nord.
3°   —   Partie sud.
4° Ile des Pins.
5° Presqu'ile Ducos et Plan de Nouméa.

PARIS

LASSAILLY FRÈRES	AUGUSTE GHIO
ÉDITEURS-GÉOGRAPHES	ÉDITEUR
61, RUE RICHELIEU, 61	28, GALERIE D'ORLÉANS, 28
en face la Bibliothèque Nationale	Palais-Royal

1876

*Tous les exemplaires non revêtus de notre griffe
seront réputés contrefaits*

PRÉFACE

Le livre que nous donnons aujourd'hui au public, n'est que le premier volume d'une série qui comprendra la géographie de toutes nos colonies.

C'est aux séances du congrès de 1875, que l'idée de cette publication nous est venue. Nous avons été frappés, et beaucoup de bons esprits l'ont été comme nous, du peu de place qu'occupe dans l'enseignement de la géographie, tout ce qui concerne nos possessions d'outre-mer. Pendant qu'en Angleterre et en Allemagne, chaque année voit paraître de nouvelles cartes, des ouvrages de longue haleine, des brochures, et même des journaux, exclusivement consacrés aux pays vers lesquels se porte le courant de l'émigration, c'est à peine si en France quelques fonctionnaires de la marine que leur carrière oblige à s'en occuper, osent livrer au public dans des revues que personne ne lit, le fruit de leurs pénibles travaux et de leur longue expérience.

Il nous paraît donc utile de donner à nos compatriotes une connaissance plus exacte et plus générale de nos colonies, ces pays du soleil qui ont une vie à part si différente de la vie d'Europe, et au sujet desquels règnent les idées les plus fausses, les préjugés les plus ridicules. Peut-être parviendrons-nous ainsi à propager, on pourrait presque dire à faire naître en France le goût si peu répandu de l'émigration. Nous sommes arrivés à cette conviction, que l'émigration sagement entendue, constituerait le meilleur remède à appliquer aux maux dont souffre notre patrie depuis ses derniers malheurs. On ne saurait méconnaître que l'Angleterre et l'Allemagne doivent à la colonisation la plus grande partie de leur influence au dehors et de leur calme à l'intérieur.

Les Anglais, les Irlandais, les Allemands, sont partout; depuis quinze ans, ceux qui ne se trouvent pas bien chez eux, s'en vont par groupes au Canada, aux États-Unis, en Australie. Là, dans une vie facile, paisible, avec une rapidité dont nous n'avons pas idée, ils fondent des villes, constituent des provinces où le vieux monde trouverait plus d'un bon exemple à suivre. Il n'est pas rare d'y voir des ouvriers et des paysans arriver, en quelques années, à des fortunes immenses. On peut se demander si quelques-uns des riches colons d'Australie, des hauts fonctionnaires, des banquiers et des commerçants de l'Inde et de la Chine, ne seraient pas aujourd'hui, s'ils étaient restés à Londres, de malheureux déclassés, rêvant un ordre social capable de satisfaire leur besoin de bien-être et de jouissance. Peut-être seraient-ils disposés à tout entreprendre, même le crime de révolutionner leur pays, pour se donner les honneurs et la fortune que la naissance leur avait refusés.

Les Allemands, il est vrai, n'ont point encore de colonies à eux, mais ils ont envahi celles des autres. Ils sont puissants en Amérique, en Chine et en Australie ; sur bien des points ils ont le pas sur les Anglais. Sous ce rapport nous ne saurions leur être comparés, et lorsqu'on entreprend un long voyage, on est surpris et blessé dans son amour-propre national de voir le peu de place qu'occupe notre commerce maritime. En mer, la vue d'un navire français est presque un événement, et à côté des innombrables an-

glais et américains que l'on croise à chaque instant, le pavillon des villes de Brême, Hambourg
et Lubeck, est là pour attester l'étonnante ini-
tiative colonisatrice de la race saxonne.

Est-ce à dire que notre caractère ne se prête
pas à la fondation d'établissements lointains ? Il
suffirait, pour démontrer le contraire, de citer les
colonies formées par la France aux dix-septième et
dix-huitième siècles, pays magnifiques qu'elle a
perdus par la faute de ses gouvernants, mais où
elle a laissé des racines si profondes que, malgré
la force, l'habileté, la générosité des nouveaux
maîtres, la langue, les mœurs, la religion, les
lois de la France, y sont en pleine vigueur.
Qui ne sait qu'à la Nouvelle-Orléans, par
exemple, on parle encore dans bien des familles
la langue pure et sévère du siècle de Louis XIV ?
Peut-être décrirons-nous un jour ces admirables
contrées ; pour le moment, il nous a semblé plus
urgent de nous occuper d'un pays où peut se
diriger avec certitude de succès, le Français dont
la position a été détruite par la guerre et l'invasion, l'homme qui, jeune encore, cherche la carrière qu'il doit suivre, enfin, celui dont le pays a
été conquis par un ennemi abhorré, et qui aime
mieux partir que de se soumettre à une odieuse
annexion.

Les deux conditions dont doit s'inquiéter principalement l'émigrant avant de choisir une nouvelle patrie, sont la salubrité et l'identité de langage. C'est pour cette raison que plus de dix mille Alsaciens et Lorrains sont partis pour le Canada. Bien que le drapeau anglais flotte à Québec et à Montréal depuis 1759 et 1760, la langue française y est la plus répandue ; la religion catholique y domine, et la majeure partie des habitants est d'origine française. Les Canadiens ont accueilli nos compatriotes comme des frères ; ils sont venus eux-mêmes les chercher jusque dans leurs villages. Mais le Canada, pendant une partie de l'année, est enfoui sous la neige, et le drapeau tricolore ne s'y voit nulle part.

De toutes les possessions françaises, celle qui nous a paru, en dehors de l'Algérie aujourd'hui presque aussi connue que la mère-patrie, devoir appeler surtout notre attention au point de vue de l'émigration, c'est la Nouvelle-Calédonie. Cette contrée renferme au plus haut point les conditions nécessaires à la colonisation ; nous pouvons affirmer que celui qui s'y rendra sans illusion, avec la ferme volonté d'y travailler et d'y vivre sobrement, est certain de s'y créer une existence heureuse et d'y atteindre la prospérité sans trop

tarder. Il y a peu de pays aussi salubres;
depuis vingt-deux ans que cette île nous appar-
tient, on n'y a jamais vu ni fièvres, ni choléra,
ni aucune de ces épidémies si meurtrières en
certaines contrées, et il n'y existe ni serpents,
ni bêtes fauves, ni aucun animal dangereux.

Ce que nous ne saurions trop mettre en relief,
c'est la position géographique de la Calédonie,
son voisinage de l'Australie et de la Nouvelle-
Zélande, ces continents où l'on trouve des villes
de 30, 40, 50, 100 mille âmes et plus. Notre colonie n'est qu'à 350 lieues environ de tous ces
centres de consommation, et ses produits naturels,
le sucre, le café, le coton, l'huile de coco, sont
précisément ceux qui, en raison de la différence
de latitude, ne peuvent pas venir ou du moins
viennent mal dans la partie peuplée de l'Australie.
Car on ne saurait considérer comme sérieuses
les exploitations de cannes à sucre créées depuis 1870, dans le nord de New-South-Wales,
et dans le sud de Queensland.

En résumé, il y a un pays français, parfaitement sain, admirablement situé, où les travailleurs, particulièrement les agriculteurs, sont sûrs
de trouver pour eux et leurs familles, une vie
facile et une abondante rémunération de leur
peine. De plus, le gouvernement sert de trait

d'union entre la métropole et sa colonie ; il offre
un appui à l'émigrant, et donne au commerçant
toutes les facilités désirables pour l'échange commode et rapide des produits qui font le bien-être.
C'est ce pays français que nous nous proposons de
décrire rapidement, de façon à donner de lui une
idée plus nette que celle qui a cours aujourd'hui.

Dans notre opinion, le goût de l'émigration
en se développant chez nos compatriotes, doit
donner à la France une influence digne d'elle
dans des pays où l'Anglais et l'Allemand nous ont
devancés. En même temps, en offrant un dé-
bouché à l'activité inquiète des déclassés, un but
utile aux oisifs du boulevard, il permettrait de
traduire en réalité le rêve que poursuivent sans
succès nos économistes et nos révolutionnaires :
le bien-être des masses.

C'est certainement le meilleur remède contre
des misères qui ont engendré des crimes, et qui
sont une menace pour l'avenir.

FAURE-BIGUET,   LASSAILLY FRÈRES.

N. B. — Pendant que notre livre s'imprimait, l'attention publique était appelée sur la Nouvelle-Calédonie par les demandes
d'amnistie que la Chambre des députés et le Sénat viennent de
repousser.

Le lecteur trouvera dans le cours de cet ouvrage, particulièrement aux chapitres consacrés à la déportation, des renseignements précis qui lui permettront de se faire une opinion rai-
sonnée sur cette importante question.   FAURE-BIGUET.

GÉOGRAPHIE

DE LA

NOUVELLE - CALÉDONIE

DÉCOUVERTE ET PRISE DE POSSESSION

Historique. — C'est le 4 septembre 1774 que notre
grande colonie océanienne fut découverte par
Cook, qui lui donna le nom de Calédonie en sou-
venir de l'Écosse, dont les côtes de l'île rappelaient
l'aspect sévère et tourmenté. La pointe reconnue
la première s'appela cap Colnett, du nom du ma-
telot de vigie qui l'avait signalée. Cook ne séjourna
que peu de temps dans la baie de Baiaup au nord
de Balade, où les deux navires qu'il commandait,
l'*Adventure* et la *Résolution*, étaient venus jeter
l'ancre ; le 13 septembre il quittait son mouillage
pour longer la côte Est, et venait reconnaître, le 23,

au sud de la Nouvelle-Calédonie, l'île Kunié, à laquelle il donna le nom d'île des Pins sous lequel elle est aujourd'hui connue.

La description du pays et des mœurs des habitants, laissée par le navigateur anglais, et les impressions du naturaliste Forster, qui accompagnait l'expédition, diffèrent sensiblement des récits que fit plus tard le contre-amiral d'Entrecasteaux. Les premiers avaient reçu des naturels un bon accueil, et, soit que le hasard les ait favorisés, soit que leur caractère les portât à voir tout en beau, leur appréciation est aussi optimiste que celle des marins de la *Recherche* et de l'*Espérance* est exagérée en sens contraire. Parti de Brest le 29 septembre 1791, d'Entrecasteaux passait en vue de l'île des Pins le 16 juin de l'année suivante, et faisait, sans pénétrer dans les passes, le tour de la Nouvelle-Calédonie, ce qui permettait à Beautemps-Beaupré, géographe de l'expédition, de dresser sous voile la carte de l'île. Après s'être livré pendant un an aux explorations dont il était chargé pour découvrir les traces de l'infortuné La Pérouse, l'amiral vint de nouveau reconnaître les récifs de Cook, et se décida à mouiller, du 18 avril au 9 mai 1793, dans la baie de Balade. Il profita de ce séjour pour faire autour de la baie quelques expéditions. sur lesquelles Labillardière nous a laissé de très-bons et surtout très-consciencieux renseignements.

A l'exception du *Buffalo*, commandé par le capitaine Kent qui découvrit la passe du port Saint-Vincent sur la côte ouest de l'île, aucun navire de commerce ne vint visiter la Nouvelle-Calédonie jusqu'en 1843. Le commandant Dumont-Durville en avait cependant passé très-près, puisque le 15 juin 1825 il reconnaissait les îles Loyalty dont il fit lever le plan. Mais les descriptions décourageantes de d'Entrecasteaux l'éloignèrent sans doute de la grande terre, qui ne fut guère visitée que par quelques caboteurs anglais venant y chercher du bois de sandal et des holothuries.

Ce n'est que le 19 décembre 1843 que les premiers Européens destinés à séjourner dans le pays furent amenés de Tahïti par le *Bucéphale*. Il est à peine besoin de dire qu'ici, comme partout, ces premiers colons ne furent autres que des apôtres de la foi chrétienne, des missionnaires du vicariat apostolique de la Polynésie centrale. On ne saurait sans injustice laisser dans l'oubli les dignes prêtres qui devaient faire autant, la croix à la main, pour l'extension de notre empire colonial, que le canon de nos vaisseaux et la baïonnette de nos soldats. Mgr Douarre, évêque d'Amata, les PP. Viard et Rougeyron et les deux Frères Jean Taragnat et Blaise Marmoiton, de la Société de Marie, formèrent le noyau de la mission dont la Calédonie est devenue le centre, et dont l'histoire se confond avec celle de notre colonie.

Le *Rhin*, au mois de septembre 1845, la *Seine*, au mois de juillet de l'année suivante, la *Brillante*, en août 1847, et enfin l'*Alcmène*, sous le commandement du comte d'Harcourt, au commencement de 1851, visitèrent successivement la Nouvelle-Calédonie. C'est pendant le séjour de l'*Alcmène* à Balade que MM. Devarenne et de Saint-Phalle, aspirants

de marine qui étaient allés faire une reconnaissance
hydrographique avec une chaloupe montée par
quinze matelots, furent massacrés, ainsi que douze
de leurs hommes. Ce massacre, et le désir de posséder une colonie lointaine qui put recevoir des
établissements pénitentiaires tout en servant de station navale à notre marine militaire, décidèrent
enfin le gouvernement français à s'emparer d'une
terre que les Anglais convoitaient depuis longtemps. Le contre-amiral Febvrier-Despointes, qui
avait reçu l'ordre de mettre ce projet à exécution,
arriva à Balade le 24 septembre 1853, sur la corvette le *Phoque*, et le jour même, sans la moindre
opposition de la part des naturels, il prit solennel-
lement possession de la colonie et de ses dépendances.

Il était temps, car, peu de jours après, la frégate
anglaise la *Havannah*, se présentait en Calédonie
avec la mission d'imposer aux naturels le pavillon
britannique ; mais le fait était accompli, et, heureusement pour la France, ce bâtiment arrivait trop
tard. Un fait du même genre devait se produire
presque en même temps à l'île des Pins, où l'amiral s'était rendu en quittant Balade. Une corvette
anglaise venait de mouiller devant l'île ; son commandant fit venir à bord le chef indigène le plus
puissant nommé Vandégou, et, à l'aide d'un inter-
prète, il lui dit qu'il fallait prendre un pavillon. Ce
chef, tout sauvage qu'il était, comprit, à l'appareil
déployé pour la circonstance, qu'il s'agissait de
quelque chose d'important, et il répondit : « Je veux
« bien faire ce que tu dis, mais il faut que je con-

« sulte d'abord les autres chefs, et ils sont loin
« d'ici. ». L'Anglais était pressé, il devait aller
prendre possession des îles Viti-Lebou convoitées
par les Américains, et il se contenta de répondre au
sauvage : « Entends-toi avec les autres, je revien-
« drai dans une lune, nous pourrons alors régler
« l'affaire. »

Malheureusement pour l'Angleterre, Vandégou
était chrétien, et avait pour le R. P. Goujon, supérieur de la mission de l'île depuis 1848, le plus profond respect; ce fut à lui qu'il alla demander conseil.

— Père, qu'est-ce que les blancs entendent par là :
prendre un pavillon ?

— Cela signifie que tu deviens de la même nation
que les blancs, et que leur grand chef devient aussi
ton chef.

— Comment! mes cases, mes pirogues, mes
champs de taros ne seraient plus à moi ?

— Si; seulement, le grand chef des blancs, dont
tu auras pris le pavillon, sera encore plus ton ami
que les autres blancs, et il te défendra si l'on veut te
prendre tes cases, tes pirogues, tes champs de
taros.

— C'est bien ; je prendrai un pavillon, mais je
veux celui du grand chef des Français.

Au jour fixé, la corvette anglaise revient à son
premier mouillage ; les officiers et les marins sont
en grande tenue ; les soldats de marine ont mis leurs
beaux habits rouges ; une table est installée sur le
gaillard d'arrière, l'acte est tout dressé ; il y a sur
la table un encrier dans lequel le sauvage n'aura

qu'à tremper le bout du doigt pour faire une croix
en guise de signature. Tout est disposé pour donner
à la cérémonie la plus grande solennité. Vandégou
arrive avec les autres chefs ; il est impassible comme
un Indien méditant quelque ruse. Le commandant
lui fait mille amitiés, et lui dit :

— Eh bien, tu es disposé, je pense, à prendre un
pavillon que tu feras flotter sur ta case et sur tes
pirogues ; tiens, regarde, je t'en ai fait faire un tout
neuf !

— Oui, je désire en effet avoir un pavillon, mais
je ne veux pas du tien, j'en ai déjà un !

Et il déploie fièrement le drapeau tricolore que
lui avait fait le père Goujon, et qu'il avait tenu
jusque-là soigneusement caché.

A cette vue, l'Anglais désappointé, furieux d'être
joué de la sorte, pousse un énorme juron, et dans sa
fureur, donne un formidable coup de poing sur la
table. Le sauvage toujours impassible, s'embarque
dans sa pirogue, et son premier soin, en arrivant à
terre, est de demander au père Goujon ce que veulent
les blancs lorsqu'ils donnent comme cela un grand
coup de poing sur la table. — Cela montre, dit le
père, qu'ils sont bien en colère. — Et Vandégou en-
chanté du tour qu'il a joué aux Anglais, s'abandonne
à un accès de gaieté qui se traduit par des éclats
de rire homériques.

Quelques semaines plus tard, le 29 septembre
1853, l'amiral Febvrier-Despointes venait consacrer officiellement une prise de possession déjà ac-
complie, grâce à l'intervention de nos missionnaires.

A partir de ce moment, les relations de la France avec la Calédonie devinrent de plus en plus fréquentes. La nouvelle colonie reste placée sous les ordres supérieurs du gouverneur des établissements français de l'Océanie, mais les postes permanents que nous venons de créer, exigent la présence d'un commandant particulier.

A l'amiral Febvrier-Despointes succède, en 1854, le capitaine de vaisseau Tardy de Montravel, qui fonde Port-de-France, chef-lieu de l'île, aujourd'hui connu sous le nom de Nouméa. Au mois de juillet 1855, le commandant du Bouzet apparaît dans la colonie où il laisse comme commandant M. Testard, chef de bataillon d'infanterie de marine, qui assure par des expéditions heureuses notre influence dans l'intérieur, et fait aux colons européens la première concession de terres. Le capitaine de vaisseau Saisset, qui remplace M. du Bouzet et arrive en 1859, crée l'établissement de Napoléonville au fond de la baie de Canala, et repart en avril 1860, laissant le commandement de la colonie à M. Durand, chef de bataillon d'infanterie de marine, qui est remplacé lui-même, en 1862, par le capitaine de vaisseau, depuis contre-amiral Guillain. Ce dernier prend le titre de gouverneur de la Nouvelle-Calédonie qui est séparée, depuis le 14 janvier 1860, des autres établissements de l'Océanie, et érigée en colonie distincte.

Depuis lors, notre influence dans l'île s'est accrue chaque année ; elle est aujourd'hui aussi complète que possible. Quelques expéditions ont été nécessaires, particulièrement en 1864, 1866 et 1868, mais

les postes nouveaux que l'on vient de créer assurent
à jamais la tranquillité du pays. Quant au groupe
des îles Loyalty, découvert seulement en 1803, par
le capitaine Butler, commandant le *Britannia*, nos
missionnaires s'y sont établis en 1859; mais, ce
n'est que depuis la grande expédition du mois de
juin 1864, que nous les occupons militairement.
M. Trève, chef de bataillon d'infanterie de marine,
a été leur premier commandant; elles sont aujour-
d'hui entièrement pacifiées et divisées en districts
qui relèvent du commandant de Lifou.

DESCRIPTION GÉOGRAPHIQUE

Situation. — La Nouvelle-Calédonie, l'une des îles les plus considérables de l'océan Pacifique, comprise tout entière sous les tropiques, entre les 161° et 165° de longitude E., et par 20° et 23° S., se trouve à la même hauteur que Maurice et La Réunion, ce qui correspond à la latitude de la Martinique ou de Cuba dans l'hémisphère nord. Elle s'allonge du N.-O. au S.-E. sur une longueur de 280 kilomètres, et possède une largeur moyenne de 55 kilomètres : de telle sorte, qu'en tenant compte de la découpure des côtes, on peut considérer sa superficie comme étant d'environ 1,200 lieues carrées, c'est-à-dire plus grande d'un tiers que la Sicile, et près de trois fois celle de la Corse.

Un récif madréporique l'enveloppe comme d'une ceinture, et s'étend sur une longueur de plus de 100 lieues. On dirait que la nature a voulu la protéger contre les visites de nos grands navires, car ce n'est qu'à la longue que l'on est parvenu à

1.

découvrir, dans cet énorme récif, des passes qui permettent de s'approcher de la côte. Ces rochers, qui constituaient autrefois un danger terrible pour les navigateurs, sont, aujourd'hui qu'on en connaît les moindres aspérités, un véritable bienfait. Ils arrêtent et brisent les lames gigantesques de l'Océan, de telle façon qu'entre eux et la côte s'étend une mer bleue, unie, tranquille comme l'eau d'un lac, sur laquelle se balancent en toute sécurité les navires que le commerce naissant de la colonie appelle dans ces contrées. Le canal ainsi formé met en relation les différents points de l'île, et, comme sa navigation est sûre non-seulement pour les bateaux à vapeur, mais même pour les navires à voile d'un faible tonnage, il sera, pendant longtemps encore, le meilleur mode de communication le long de la grande terre.

Les passes qui permettent d'aborder la côte en venant de la pleine mer sont presque toujours situées en face de l'embouchure des rivières, soit parce que la présence d'une certaine quantité d'eau douce empêche le développement des madrépores auxquels l'eau de mer est indispensable, soit plutôt parce que la vallée dont la rivière occupe le thalweg, prolonge sa dépression jusqu'au delà du récif. Toujours est-il, qu'en regard de ces ouvertures se trouvent le plus souvent des baies, des criques, des ports où les navires trouvent d'excellents abris. Nous allons énumérer les principaux d'entre eux, nous réservant d'entrer dans quelques détails à leur égard, lorsque nous parlerons des centres de population.

Côtes, baies, rades, havres, criques, ports. — Citons d'abord le havre de Balade sur la côte nord-est, le premier point que nous ayons occupé dans la Nouvelle-Calédonie ; il est malheureusement exposé aux vents depuis l'E. jusqu'au N.-O., et offre un mouillage mal abrité de la grosse mer en raison de l'éloignement des récifs extérieurs. Puis, en longeant la côte vers le sud, le petit port de Pouébo, bien abrité, d'une largeur de 600 mètres, et dont le fond est excellent ; on y accède par un chenal long de 800 mètres et large de 450. A 46 kilomètres plus bas, le mouillage de Hiengouène est signalé au loin par deux immenses blocs calcaires placés à l'entrée du port, et dont l'un, celui de gauche, a une telle ressemblance avec les clochers carrés de la cathédrale de Paris, qu'on lui a donné à cause de cela, le nom de Tour-Notre-Dame. Le port a la forme d'un cercle de 500 mètres de rayon.

En continuant vers le sud nous rencontrons la grande baie de Ti-Ouaka qui occupe une longueur de côte de près de 18 kilomètres ; des bancs de corail isolés et éloignés de 15 à 16 kilomètres du littoral, la ferment du côté du large ; la tenue du fond est bonne, bien que les grands vents du S.-E. au N.-E., qui règnent quelquefois dans ces parages, rendent la mer très-grosse et incommode. La baie de la Bayonnaise ou de Goyété, le port de Bâ et la petite rade de Ouaïlou nous conduisent jusqu'à celle de Couaoua qui offre un mouillage très-sûr ; elle se divise en avant-port dans lequel on peut entrer avec tous les vents, et en arrière-port où les navires à voile sont obligés de se touer (1). Ce second port fait avec le premier un coude presque à angle droit, et forme le véritable mouillage.

De ce mouillage à la baie de Canala la distance est d'environ 33 kilomètres. Cette dernière, séparée de la haute mer par un goulet resserré entre des contreforts boisés très-élevés, est un des plus vastes et des meilleurs abris de la colonie; on ne peut le comparer qu'à la rade de Toulon. Il renferme quatre bassins naturels bien dessinés, dans lesquels on peut créer à plaisir toutes sortes d'établissements maritimes, militaires et commerciaux, chacun d'eux présentant la même sécurité pour les réparations, les mêmes facilités pour les chargements et les déchargements, les approvisionnements d'eau douce et les communications. Le fond de la baie a pris le nom de port d'Urville. A quelque distance, au sud, la côte s'enfonce profondément dans un endroit où les montagnes s'écartent l'une de l'autre en décrivant un vaste demi-cercle pour former la baie de Nakèti. Enfin, en continuant à longer la côte est, on rencontre les baies du port Bouquet, de Kouakoué, de Ouinne, de Ounia et de Yaté, devant laquelle les récifs de coraux n'émergent pas comme devant les autres échancrures du littoral, ce qui rend son mouillage difficile.

Si nous doublons la pointe sud-est de la Nouvelle-Calédonie, nous devrons franchir le canal de la Havannah, et presqu'aussitôt nous trouverons la grande baie du Sud ou de Prony, qui se rétrécit

(1) *Se touer*, se servir d'un câble attaché à un point fixe pour faire avancer un navire.

comme un bras de mer très-sinueux, pour s'enfoncer d'au moins 13 kilomètres dans l'intérieur des terres, et se terminer par deux anses très-profondes. Cette baie présente un phénomène particulier des plus curieux : deux puissantes sources d'eau chaude jaillissent au sein de la mer, et les dépôts calcaires auxquels elles donnent naissance, forment autour d'elles un écueil où se multiplient de magnifiques huîtres. Pour gagner la côte occidentale en sortant de la baie du Sud, on franchit le canal Woodin, au delà duquel on rencontre les deux petites baies d'Ouie et de Ngo, avant d'arriver à la grande rade de Boulari, ouverte, il est vrai, aux vents et à la mer, depuis le S.-S.-O. jusqu'au S.-E., mais possédant une très-belle aiguade (1) au pied d'une cascade qui descend du mont d'Or.

Un peu au nord de Morari, dont elle n'est séparée que par une étroite presqu'île, se trouve la magnifique rade de Port-de-France, à l'entrée de la baie de la Dumbéa. La rade est vaste, d'un accès facile et parfaitement abritée ; elle est formée par une presqu'île accidentée qui présente dans ses découpures plusieurs anses pouvant recevoir des navires d'un fort tonnage, et par l'île Nou qui court parallèlement à la côte dont elle est isolée par un canal d'une longueur de trois milles, et d'une largeur moyenne d'un mille environ. Ce canal, qui a deux issues, l'une à l'est, l'autre à l'ouest de l'île Nou, offre partout un mouillage abrité de tous les vents ; il est divisé en deux parties par un banc qui le coupe à son point le plus étroit, sans toutefois in-

(1) *Aiguade*, lieu où les navires font provision d'eau.

tercepter la communication de l'une à l'autre aux
navires calant moins de cinq mètres. Nous nous
contenterons de signaler la baie de la Dumbéa qui
fait suite à la rade de Port-de-France dont elle est
en quelque sorte le prolongement, et qui présente
les mêmes caractères ; puis, nous citerons en passant celles de Port-Laguerre et de Saint-Vincent
qui étaient, il y a à peine quelques années, avec
celles de Ouaraïl et de Bouraïl, les seules explorées
sur la côte ouest ; aujourd'hui, celles de Muco, de
Pernambouc, la baie de Chasseloup, sur les bords
de laquelle on a fondé le poste de Gatope, celle de
Gomen, au centre des immenses terrains acquis
par la Société de la Nouvelle-Calédonie, sont aussi
connues que le reste de l'île.

En continuant notre exploration vers le nord de
la Grande-Terre, nous rencontrons encore les baies
de Néhoué, de Tanlé, de Banaré, et, après avoir
doublé l'île de Paabâ et franchi le canal Devarenne,
nous arrivons enfin dans la baie d'Harcourt, à
l'embouchure du Diahot, c'est-à-dire tout à côté du
cap Tiari et de la rade de Balade d'où nous étions
partis pour notre voyage autour de la colonie.

Caps, pointes. — Les pointes ou caps qui limitent
les rades dont nous venons de parler, et qui peuvent
avoir de l'importance pour les navigateurs, sont,
en suivant la même route que tout à l'heure : le cap
Tiari, le cap Pouébo, le cap Colnett, le cap Touo, le
cap Baye, le cap Bocage, le cap Bégat, le cap Du-
moulin, le cap Coronation ou Puareti, le cap de la
Reine-Charlotte et celui de N'doua qui forment
l'extrémité sud de l'île ; et sur la côte ouest, en re-

montant vers le nord : le cap Goulvain, la pointe
Vouavouto, la pointe de Paquiepe, la pointe
d'Oun'da, le cap Devert, la pointe d'Iounga, la
pointe Pandop, la pointe Paagouméné et le cap
Tonnerre qui borne au N. la vallée de Koumac.

Passes. — Les rades ou baies que nous avons
citées donnent presque toujours leurs noms aux
ouvertures du grand récif situées en face ; nous
nous contenterons donc de signaler celles dont les
noms ne figurent pas dans l'énumération précé-
dente. Ce sont d'abord les passes de Buremère et
de Nokoué, sur la côte est, celle de la Sarcelle au
sud, entre l'île des Pins et la Grande-Terre, celles
de Kouaré, de Ouatia et de Mato à l'ouest du grand
récif du Sud ; la passe de Ouitoé au nord du récif de
l'Annibal ; les passes Isie, Ouaraïl et Mara au nord-
ouest de la baie Saint-Vincent ; plus au nord, celles
de Ouamœo, de Pouembout, la passe Kone, celle
du Duroc, la coupée de l'Alliance, les passes de
Devert et de Koumac, celles de la Gazelle, de
Poum, la passe anglaise au sud du récif de Ne-
nema, et enfin la passe Yandé en face de l'île de
ce nom, tout à fait au nord de la Nouvelle-Calédonie.

Montagnes et composition du sol. — Une ligne qui
réunirait, d'une part, les passes que nous venons
d'indiquer, d'autre part, les caps dont nous avons
cité les noms, dessinerait assez exactement la figure
du grand récif qui enveloppe l'île et le contour de
la Grande-Terre. Pour avoir maintenant une idée
du relief de cette dernière, il est nécessaire de dire
quelques mots de ses montagnes.

La ligne de partage des eaux court dans le sens de la longueur de l'île, du N.-O. au S.-E., mais en se rapprochant beaucoup plus de la côte est que de la côte ouest. Aussi est-ce le long de cette dernière que se trouvent les larges plaines doucement ondulées, aujourd'hui encore recouvertes d'une herbe haute et serrée, qui deviendront plus tard la partie la plus riche de la colonie. Cependant, vers le sud de cette côte et autour du chef-lieu, la chaîne principale donne naissance à des rameaux trop nombreux et trop enchevêtrés pour que les grandes plaines puissent s'étaler à l'aise; il y a bien encore entre ces rameaux de riches vallées, mais elles sont trop resserrées pour qu'on y fasse de la grande culture; en revanche, c'est la partie où le bétail, qui a besoin de pâturages abondants, s'est développé avec le plus de rapidité.

Sur la côte est, les vallées sont verdoyantes, fertiles, bien arrosées, mais extrêmement étroites, du moins le long de la côte, car il n'est pas rare de trouver en entrant dans les grandes rivières et après avoir dépassé les montagnes du bord de la mer, de vastes plaines très-fertiles. Ces dernières ne sont souvent masquées que par un rideau de collines, et c'est ce qui a fait croire pendant longtemps qu'il n'en existait pas sur la côte est.

Vers le nord, et à peu près à la hauteur de Hiengouène, la ligne de partage des eaux, qui était allée en s'abaissant du sud au nord, se relève brusquement pour constituer la chaîne de montagnes la plus longue, la plus régulière et la plus élevée de la Calédonie. Elle se bifurque de manière à former

deux branches, dont l'une s'incline vers le N.-E.,
et l'autre vient aboutir à la pointe N.-O., enclavant
entre elles la vaste plaine du Diahot.

Le pic de Humboldt, qui est le centre du pâté
montagneux du sud-est, a été considéré pendant
longtemps comme le point culminant de la Grande-
Terre. Les cartes lui donnaient en effet 1,650 mètres,
et ne faisaient pas mention des hauts sommets qui
dominent le nord de l'île. Les travaux plus récents
du commandant Chambeyron, à qui nous empruntons une partie des détails relatifs à l'orographie
de la colonie, ne donnent au Humboldt que 1,610
mètres, tandis qu'ils assignent une altitude de
1,642 mètres au piton de Panié et de 1,700 mètres
au plateau qui le domine au nord.

Au-dessous de ces deux grandes cimes qui se disputent le premier rang parmi les montagnes de la
Calédonie, citons, en allant des plus grands aux
plus petits, les massifs les plus remarquables. C'est
d'abord le pic Saint-Vincent, qui a une élévation
de 1,547 mètres et fait partie du groupe de Humboldt; le pic Table, qui s'élève à 1,243 mètres et se
trouve compris dans la grande chaîne du nord, au
sud du Panié; la montagne de Mu, 1,219 mètres,
dans le massif du sud; le pic de Homédéboua,
1,200 mètres, dans celui du nord; au centre, le pic
de Couaoua, 1,175 mètres; au nord, le sommet de
Pouébo, 900 mètres; celui de Balade, 634 mètres;
les montagnes de la Cascade, 590 mètres, qui dominent la baie de Naketi. Nommons encore, parmi
les sommets les plus connus : le mont d'Or, l'aiguille de Muco, le sommet de Saint-Mathieu, et

enfin le Table-Unio, presqu'au centre de la colonie et visible des deux côtés de l'île.

Les montagnes de la grande chaîne sont profondément ravinées; leurs formes abruptes, et leurs flancs escarpés, couverts de forêts d'un feuillage vert foncé. Entre ces montagnes et la mer se trouvent des collines parfois très-élevées, mais de forme et d'aspect tout différents; leurs croupes arrondies ondulent vers le rivage, et les pentes, généralement assez douces, couvertes d'herbes et de niaoulis, sont cultivables à plusieurs centaines de mètres au-dessus du niveau de la mer.

Dans le sud, du cap de la Reine-Charlotte à Houaïlou, les montagnes de la Nouvelle-Calédonie sont formées par des serpentines et autres silicates magnésiens. Au nord de Houaïlou apparaissent les schistes argileux et ardoisés; ils occupent toute la côte jusqu'à Pouébo, où ils sont remplacés par les gneiss et les micaschistes, riches en grenats, qui composent presque exclusivement le versant N.-E. de Balade, jusqu'à l'embouchure du Diahot. Sur un seul point de toute cette côte, entre Hiengouène et Touo, des calcaires grisâtres, cristallins, traversés par des filons de quartz, apparaissent au-dessus des schistes argileux. Le versant N.-E. ne présente donc que des roches plutoniques ou de transition.

L'intérieur et la côte S.-O. sont moins connus; nous savons cependant qu'après avoir quitté les micaschistes sur le versant S.-O. des montagnes de Balade, on trouve une deuxième série de schistes ardoisiens. Plus loin se présentent des couches épaisses d'argiles blanchâtres, tachées d'ocre, des collines calcaires, des grès houillers. Enfin, au sud de la même côte, nous trouvons des argiles rouges contenant en abondance du fer à l'état de limonite, du kaolin, des·terrains houillers aux environs de Boulari et dans les îlots voisins, et des calcaires sur quelques points avancés, comme le cap sur lequel Port-de-France est bâti.

Dans le sud de la colonie, aux environs de la baie de Prony, la quantité de fer contenue dans le sol est extrêmement considérable. Le commandant Sebert, chef d'escadron d'artillerie de la marine, cite à ce sujet un fait caractéristique. Chargé d'explorer les parages inhabités, où il a fondé depuis l'établissement d'exploitation de bois qui suffit aujourd'hui à alimenter les ateliers de l'Etat, il dut souvent se frayer un passage, la hache à la main, dans des taillis impénétrables. Or, une des difficultés de ses explorations consistait dans l'impossibilité où il était de se guider ; sa boussole devenait inutile, l'aiguille aimantée subissant, par suite de la nature ferrugineuse du sol, des déviations extraordinaires. Ces déviations étaient telles que, plus tard, lorsqu'on voulut exécuter un levé de reconnaissance d'une partie de la baie, il fallut se servir, comme moyen d'orientation, d'un cadran solaire tracé sur la planchette du levé.

Au-dessus de 1,000 ou 1,200 mètres de hauteur, les minerais de fer, les limonites, l'argile rouge, si abondants à une hauteur inférieure, notamment entre 200 et 600 mètres d'élévation, disparaissent complètement.

Cours d'eau. — Il serait impossible qu'un sol

boisé et aussi accidenté que celui de la Nouvelle-Calédonie, ne fût pas bien arrosé ; aussi les rivières sont-elles nombreuses. Malheureusement leur cours est généralement de peu d'étendue, et les plus profondes sont inaccessibles aux navires d'un certain tonnage, à cause des barres situées à leur embou· chure. Entreprenons autour de la côte un voyage semblable à celui que nous avons déjà fait pour découvrir les principales baies, les passes et les caps, et nous pourrons énumérer avec ordre les rivières qui méritent d'être signalées.

Le territoire de Balade, siège de notre premier établissement et qui pourrait devenir un excellent centre agricole et industriel, n'est arrosé que par deux cours d'eau insignifiants qui se perdent dans la plage; mais, à quelques kilomètres au sud, coule la rivière de Pouébo, très-étroite et peu profonde, et un peu plus bas celle de Houéhiahommé, dans la vallée de laquelle des gisements aurifères ont été découverts en 1863. Une rivière considérable se jette dans la mer à Ouétième ; à 4 kilomètres environ du rivage elle se bifurque, et la branche principale remonte vers le nord pour aller prendre sa source près du Diahot. A une faible distance au S.-E., nous trouvons les deux petites rivières du Hiengouène et de Tchyengouène ; celle de Hiengouène est tellement resserrée, qu'on ne rencontre même pas une plaine continue le long de ses bords , mais seulement quelques plateaux très-étroits ; les sinuosités de cette rivière sont très-nombreuses, et comme la végétation y est extrêmement riche et puissante, on est à chaque instant en présence d'effets inattendus de paysages, plus saisissants qu'en aucune autre partie de l'île.

Passons rapidement devant l'embouchure des rivières de Tipendié et de Tiané qui traversent le territoire de la tribu des Pouï, franchissons celles de Touo et de Pouanenbou ; pour atteindre enfin le vaste territoire de la tribu de Ti-Ouaka dans la vallée de ce nom, et le superbe cours d'eau désigné sous le nom de Wagape (1). Après avoir traversé la petite rivière Ina et doublé le cap de Baye, nous arrivons, au-dessous de la belle vallée de Ouindou, à cette large coupure de la côte indiquée sur la carte sous le nom de Bayonnaise, et que les indigènes appellent Goyeté ou A'moua Goyeté, rivière de Goyeté. Avant d'arriver au cap Bocage, nous rencontrerons la rivière de Monéo qui est facilement navigable pour des embarcations ; ses rives sont très-riches et arrosent une des plus belles et des plus grandes vallées de la côte est ; elle est entourée de montagnes élevées ; des cannes à sucre cultivées jusqu'à leurs plus hauts sommets témoignent de la fertilité du sol.

Après la petite rivière de Bâ, au-delà du cap Bocage, une série de jolies vallées fraîches et fertiles nous conduisent jusqu'à la profonde rivière de Ouaïlou, que nous devrons franchir pour arriver aux nombreux ruisseaux qui forment les cascades de la rade de Couaoua et aux deux cours d'eau, larges, mais peu profonds, qui coupent le fond de la baie. A 30 ou 32 kilomètres plus bas, dans le petit golfe auquel on a donné le nom de port d'Ur-

(1) Ou Houagap.

ville, débouchent les deux rivières de Canala et de Negrepo; ces deux cours d'eau prennent leur source dans la chaîne de l'intérieur, l'un à l'est, l'autre à l'ouest, parcourent les coulées qui séparent les grands massifs des collines bordant la mer, et descendent à la baie par une vallée commune en serpentant au milieu d'une plaine basse couverte d'une riche végétation jusqu'à 1,800 mètres de la côte. La rivière de Canala, la plus profonde des deux, peut être remontée, avec un canot moyen, jusqu'à 13 kilomètres de son embouchure.

Si nous dépassons la large et profonde plaine de Nakéti, nous rencontrons la rivière de Yaté, une des plus considérables de la partie sud, qu'elle traverse dans toute sa longueur. Son cours, assez rapide, est de 45 à 50 kilomètres; il est malheureusement obstrué par des cascades. L'embouchure est large de plusieurs centaines de mètres, et offre un mouillage sûr aux embarcations d'un assez fort tonnage, inquiétées par la houle et la mer de la baie de Yaté. La largeur moyenne de la rivière est de 40 mètres, sa profondeur de 6 ou 8; elle descend des contreforts du Humboldt et coule à pleins bords pendant l'hivernage. Continuons notre route pour doubler l'extrémité sud de la Nouvelle-Calédonie, et presque aussitôt après avoir franchi le canal de la Havannah, nous apercevrons les deux petits cours d'eau, non navigables, qui se jettent dans la baie de Prony. Toute la partie de l'île comprise entre cette baie et la chaîne de montagnes qui limite au nord la vallée de Yaté, forme un immense plateau sillonné de nombreux cours d'eau. Ces plaines sont

remarquables par leur étendue et une horizontalité
tellement parfaite, que le pied des collines y est
aussi nettement dessiné qu'il le serait dans l'eau
en se baissant graduellement jusqu'au niveau du
sol lorsqu'on en est éloigné de 8 ou 10 kilomètres;
on voit la ligne d'horizon s'élever sur la base des
montagnes comme si l'on était en mer, la courbure
de la surface terrestre étant sensible sur une pareille longueur. Ainsi que le commandant Chambeyron en fait la remarque : une tranquillité bien
absolue a dû nécessairement accompagner le sédi-
ment de ces plaines, puisque les molécules du dépôt
ont pu obéir aux lois de la pesanteur sans que rien
vint les troubler. Le sol de ces plateaux, élevés de
400 mètres environ au-dessus du niveau de la mer,
se compose d'une argile dure extrêmement ferrugineuse, impropre à la culture; à la suite des pluies
d'hivernage ils deviennent de véritables marais, et
c'est à ces eaux stagnantes qu'il faut attribuer les
joncs dont ils sont presque exclusivement couverts.

Longeons maintenant la côte pour remonter vers
le nord, et, après avoir franchi la rivière des Kaoris et celle de Boulari, admirons la cascade du
mont d'Or avant d'arriver à la rade de Port-de-
France. Cette dernière présente un caractère particulier, c'est qu'aucune rivière ne vient s'y déver-
ser; par suite d'une disposition particulière des
montagnes, les eaux courantes se jettent à une
certaine distance dans la baie de Dumbéa au nord,
et dans celle de Boulari au sud; ainsi, le ruisseau
le plus rapproché, qui porte le nom de ruisseau des
Français, est à 10 ou 12 kilomètres au nord de Port-

de-France. En continuant notre route vers le nord
nous arrivons à la rivière de Dumbéa, large et peu
profonde, mais cependant navigable pour des embarcations jusqu'à quelques kilomètres de son embouchure, et qui arrose une magnifique et fertile vallée.
Citons, avec la Tamoa, la Tontouta, la Ouengui,
les nombreux cours d'eau qui se perdent dans
les terres marécageuses de la baie Saint-Vincent;
dépassons la Foa, dont le bassin, qui contient plus
de 40,000 hectares de terres cultivables, s'enfonce
dans l'intérieur jusqu'à Couendé, au pied de la
montagne de Canala; remarquons l'embouchure de
la Néra, les belles vallées de Poya, Puembut, Ko-
neï; celles de Témala, qui ont plus de 15,000 hectares, de Pouhiline, de Taom; signalons la Iounga,
qui circule au fond du riche bassin de Gomen, em-
brassant au moins 17,000 hectares de bonnes terres,
et poussons jusqu'à la jolie rivière qni arrose la
vallée de Koumac, fermée au nord par les monts
Pandop, et qui s'étend fort avant dans l'intérieur.

Un peu plus au nord, dans la baie de Néhoué, les
deux rivières de Néhoué et de Poéghiane sont les
seules qui méritent d'être citées sur la côte ouest.
Décidons-nous donc à doubler la pointe nord de
l'île, et avant d'arriver au havre de Balade, qui a
été notre point de départ, nous rencontrons la plus
importante des rivières de la Nouvelle-Calédonie,
le Diahot, qui coule du sud au nord et arrose une
large vallée d'une extrême fertilité. Il prend sa
source dans la montagne de Toâ, près de Hiengouène, saute d'abord de cascade en cascade dans
des ravins resserrés entre des pentes escarpées,

baigne le pied du mont Courô, la plus élevée des montagnes de Paimboas, puis s'étale plus à l'aise, à partir du grand village de Palou, dans un lit dont la largeur varie de 50 à 100 mètres. De Bondé à Moindine, la vallée s'ouvre un peu plus de distance en distance, la profondeur de l'eau augmente, et la rivière devient navigable. Enfin, de Moindine à la mer, le Diahot s'élargit au point de présenter une embouchure qui n'a pas moins de 1,200 mètres. Cette dernière, qui occupe la partie est de l'anse d'Arama dans la baie d'Harcourt, offre entre Tiari et l'île Pam un mouillage abrité, et un fond d'une bonne tenue. Le cours du Diahot est de 80 à 90 kilomètres, et peut être remonté pendant plus de 50 kilomètres avec des embarcations et des chalands ; sa profondeur est de 2 à 3 mètres, et la marée s'y fait sentir jusqu'au-dessus de Bondé. Ce qui rend cette rivière la plus remarquable de la Nouvelle-Calédonie, ce n'est pas seulement la masse imposante de ses eaux, la largeur et la profondeur de son lit, la longueur de son parcours navigable, l'étendue et la fertilité des plaines qui bordent ses rives, le nombre de ses affluents, mais c'est encore et surtout sa direction du sud au nord. Cette direction est unique dans la colonie, et tient à la bifurcation de la chaîne centrale déjà signalée dans notre description des montagnes de la Grande-Terre. L'immense demi-cercle décrit par les monts Nindo du S.-O. au N.-E., et par les monts Paâgés du S.-E. au N.-O., trace au Diahot et à ses affluents un bassin à part, très-remarquable par sa constitution géologique. Toutes les autres rivières coulent perpendiculairement à la ligne générale de partage des eaux, qui sert d'arête ou d'axe à la Calédonie.

Lacs, étangs. — Les marais et les étangs sont fort nombreux dans l'île, comme dans tous les pays dont les eaux n'ont pas encore été aménagées par la main de l'homme, mais aucun d'eux n'est assez important pour mériter une mention particulière.

Quant aux lacs, il n'y a guère que quatre nappes d'eau, aujourd'hui connues, qui, par leur étendue, semblent dignes de porter ce nom, et encore est-il quelque peu prétentieux de les en décorer. Toutes les quatre sont dans la partie sud de l'île; les deux premières sont situées à 8 ou 9 kilomètres au nord du cap N'douâ, au pied d'une montagne isolée qui s'élève entre les deux. De l'un de ces lacs qui est de forme à peu près circulaire, s'échappe la rivière de Port-Boisé. L'autre, qui a près de deux kilomètres d'étendue, et affecte la forme d'un huit aplati, donne naissance à la rivière de la baie du Sud, dont le cours sinueux traverse lentement le plateau, mais ne tarde pas à se transformer en torrent descendant de cascade en cascade jusqu'à la côte.

Les deux autres lacs sont au nord et au sud de la rivière d'Yaté, au milieu des cinq ou six lieues de terrain plat que traverse ce cours d'eau, avant d'arriver à la série de chutes qui le conduisent dans le fond du port d'Yaté. Le lac du sud n'a guère que un kilomètre en tous sens, et se trouve au pied d'un massif très-élevé. Celui du nord, dont les parties sud et est sont côtoyées par le sentier indigène de Nouméa à Ounia, est plus étendu; ses rives sont de beau sable rouge fin ; il n'a été sondé que jusqu'à 100 ou 150 mètres du bord, et à cette distance on n'a trouvé le fond que par 6 mètres, la profondeur allant toujours en augmentant du bord au centre.

Régime des eaux. — Les premiers travaux de terrassement entrepris dans les terrains bas et fangeux de certaines parties de l'île, devaient faire craindre l'apparition des fièvres paludéennes si communes en pareil cas dans la plupart des pays chauds. Il n'en a pas été ainsi, et cette heureuse exception tient peut-être à un phénomène particulier qu'il est intéressant de signaler. Malgré leur apparence, ces terrains, à peu d'exceptions près, ne sont rien moins que des marécages ; on n'y trouve point les plantes qui remplissent ordinairement les marais, et quoique les eaux y paraissent stagnantes, il y a lieu de croire qu'elles s'y renouvellent constamment par les crevasses du sous-sol qui est partout de corail, à une plus ou moins grande profondeur.

Cet écoulement souterrain des eaux, qui ne peut être que supposé dans les lieux bas et humides dont nous parlons, est au contraire un fait patent et extrêmement commun dans les massifs montagneux du sud de l'île. L'exemple le plus remarquable est celui de la Tontouta : la source de cette rivière est une puissante cascade qui jaillit brusquement par une large fente horizontale du rocher au sommet d'une énorme falaise, à une petite distance dans le sud du sommet du Humboldt, et à 1,200 mètres d'élévation au moins. D'où vient un

pareil volume d'eau pour sortir à une telle hauteur?
Il n'y a pas, comme dans nos Alpes, des glaciers et
des neiges dont la fonte pourrait alimenter une
semblable source, et les infiltrations des pluies,
même pendant l'hivernage, ne sauraient suffire à
son entretien. Il n'est pas téméraire de supposer
que la source de la Tontouta n'est autre chose que
l'extrémité libre d'un gigantesque siphon, dont
l'autre branche plonge dans une nappe d'eau sou-
terraine. Du reste, comme pour donner du poids à
cette opinion, cette même rivière disparaît tout à
coup, s'enfonce sous sa rive gauche, court avec
un grand bruit sous le sol et vient ressortir par sa
rive droite un quart de lieue plus loin; ce n'est que
lorsque les grandes pluies rendent ce déversoir
souterrain insuffisant, que le lit supérieur se
remplit.

Des phénomènes semblables à celui que présente la Tontouta ne sont pas rares dans le
massif du Humboldt où l'on entend en maints endroits l'eau courir et se précipiter en cascade sous le
sol que l'on parcourt ; aussi, ces montagnes parais-
sent-elles privées d'eau, les ruisseaux qui coulent
à ciel ouvert étant relativement très-rares. Il n'en
est pas de même dans le nord de l'île où les ruisseaux sont au contraire extrêmement nombreux ; on
en rencontre jusqu'à trois ou quatre sur une longueur de grève de 400 mètres, et ils présentent cette
particularité que parfois deux ruisseaux tombant à
la mer à cinquante pas l'un de l'autre, donnent
l'un de l'eau presque tiède, l'autre de l'eau gla-
ciale.

Terminons ce que nous avons à dire sur le régime des eaux en Nouvelle-Calédonie, par l'indication d'un fait très-remarquable consigné dans la notice du commandant Chambeyron. A 5,000 mètres de la côte est, au nord de Hienguène, se trouve l'île de Ieh-Hingen (Iengabat des vieilles cartes). Cette île, semblable à toutes celles qui sont situées entre le grand récif et la terre, est assise sur un plateau de corail assez large et presque à fleur d'eau. Sa superficie est d'environ 19 hectares ; elle est entièrement boisée, et sa partie est est occupée par une plantation de cocotiers. Presque au milieu de cette plantation se trouve un puits de 2 mètres de profondeur creusé dans le sable, dont le fond n'offre aucune consistance, et qui donne d'excellente eau douce. Or, non-seulement les trous qui ont été creusés sur Ieh-Hingen, comme sur les autres îles, n'ont donné par infiltration que de l'eau extrêmement salée, mais encore tous les chefs indigènes sont d'accord pour affirmer que, dans la saison des pluies, on trouve au fonds de ce puits des feuilles provenant d'arbres dont l'espèce ne croît qu'à une hauteur très-considérable sur les montagnes de la Grande-Terre. Ce dernier fait exclut toute idée d'infiltration, et accuserait sous l'île Ieh-Hingen le passage d'un véritable cours d'eau débouchant au fond de la mer en un point inconnu.

ILES

Pour compléter la description géographique de notre grande colonie océanienne, il nous reste à parler des îles placées sous sa dépendance. Si nous nous bornions maintenant à les énumérer, il faudrait plus tard, lorsque nous parlerons de la population, du climat, de l'industrie, des produits du sol, revenir à chaque instant sur nos pas, et traiter ces divers sujets pour chacune d'elles en particulier. Il nous paraît préférable de leur consacrer un chapitre un peu plus long, et de dire une bonne fois tout ce qui les concerne, pour n'avoir plus à nous en occuper.

Mentionnons d'abord les îles Huon et de la Surprise aux extrémités nord et sud des récifs d'Entrecasteaux ; elles n'ont rien par elles-mêmes qui mérite notre attention, mais entre elles et le groupe Bélep, dont nous parlerons tous à l'heure, s'étend un vaste espace de mer, clos de tout côtés, sauf au sud, par deux longues files de récifs qui paraissent être le prolongement de la ligne d'écueils qui entoure notre colonie. Cette sorte de lagon n'a pas moins de 270 kilomètres de longueur, c'est-à-dire qu'il serait assez grand pour contenir une île de la taille de la Calédonie. Or, ce lagon est absolument inconnu, aucun navire européen ne l'a encore visité ; quelques indigènes du nord ont bien tenté une exploration de ce côté, mais pas un seul n'en est revenu. Il y a lieu de penser cependant qu'il renferme des terres habitées ; des sommets de l'archipel Bélep, à l'époque où l'on brûle les herbes pour préparer les cultures, il n'est pas rare d'apercevoir dans le nord des lueurs d'incendie, et le commandant Chambeyron, étant à l'île Art, croit avoir vu très-nettement, à droite du Poot, la silhouette d'une terre éloignée de 80 à 90 kilomètres. L'intrépidité de nos marins ne tardera pas, sans doute, à nous éclairer sur cette question, que le voisinage de notre colonie rend particulièrement intéressante.

A 10 ou 12 lieues de l'extrémité nord de la Nouvelle-Calédonie, au milieu des récifs des Français, se trouve le groupe de Bélep, comprenant les îles Poot, Art et Dau-Téama. Ce sont des terres hautes, peu fertiles, dont les habitants forment une tribu à part dite de Bélep, et où les missionnaires possèdent un établissement. L'île Art, la plus importante du groupe, a environ 20 kilomètres de longueur du nord au sud, sur une largeur moyenne de 5 kilomètres ; elle est peu ou point accessible au nord et à l'est, et possède deux ports : Ouala dans l'ouest, Païromé au sud. C'est à Ouala que se trouve la mission catholique et la résidence du chef indigène des Bélep ; le port est sûr, excepté dans les grandes brises d'ouest et de sud-ouest. L'ile est parcourue du nord au sud par une chaine montagneuse d'une aridité absolue, dont l'élévation est d'environ 200 mètres ; cinq torrents qui donnent de l'eau toute l'année viennent à la mer devant les plages de Ouala, Païromé, Eoua, Mani et Aoué ; les terrains qu'ils traversent ne méritent ni le nom de vallées, ni celui de vallons ; ce sont de simples ravins. Le sol est ferrugineux comme dans la baie du sud en Nouvelle-Calédonie, et si son aridité dans la montagne est telle qu'en quelques endroits la fougère elle-même ne pousse pas, il n'en est pas de même sur les plages qui fournissent au contraire du coco en abondance, du taro, de l'igname, etc. Les 120 hectares aujourd'ui cultivés nourrissent environ 250 habitants qui passent le samedi et le dimanche à Ouala, et se répandent pendant le reste de la semaine sur les différentes plages de l'ile. Ils sont tous chrétiens et remarquablement conduits par leurs missionnaires ; outre leurs cultures ils s'adonnent à quelques travaux d'industrie qui sont en voie de progrès : ils font des routes, des canaux d'irrigation maçonnés, des nattes, etc.

Nous trouvons à l'ouest de la presqu'ile, formant l'extrémité nord-ouest de la Grande-Terre, le groupe de Nénéma dont les principales îles sont celles de Paaba, Tanlon, Yandé, Yénégéban, Néba, Poum, Tanlep, toutes habitées, assez fertiles et plantées principalement en cocotiers. Elles forment une même tribu, celle de Nénéma, dont le chef hérédi-

taire réside à Yandé. Si nous revenons de l'ouest à
l'est, nous rencontrons, devant l'embouchure du
Diahot, l'île Pam, et, un peu plus au nord, l'île
Boualabio, séparée de la Grande-Terre par le détroit
Devarenne ; l'île Pam n'était point occupée par les
indigènes ; celle de Boualabio compte une cinquantaine d'habitants qui dépendent d'Arama. Cette dernière tribu s'étend sur tout le littoral de la baie
d'Harcourt jusqu'au cap Tiari. De nombreux îlots
inhabités et privés d'eau, tels que ceux de Vao,
Ienga, Iengou, Uao, Ain, Nani, Tureti, sont seuls
à signaler sur la côte est ; nous devons cependant
faire exception pour l'île de Ieh-Hingen, à cause du
puits d'eau douce dont nous avons parlé dans le
chapitre précédent, et pour l'île Pin, ou du Pin, qui
a quelque importance au point de vue de la navigation parce qu'elle présente cette particularité de
ne posséder qu'un seul pin, arbre gigantesque qui
existait déjà en 1774, lors de la découverte de la
Calédonie par Cook, et qui est visible de très-loin.

Il faut se garder de confondre cette île avec celle
des Pins (Kunié des indigènes), qui est située à
150 kilomètres environ au sud de Nouméa et à
40 kilomètres de la baie de Prony, extrémité méridionale de la Grande-Terre. L'île des Pins, qui est
aujourd'hui la résidence des condamnés à la déportation simple, a 18 kilomètres de longueur du sud
au nord, sur 12 à 16 kilomètres de largeur. Elle se
compose d'un plateau de 80 mètres d'altitude, en-
touré d'un premier anneau de terres sablonneuses
et argileuses couvertes de pâturages, et d'un
deuxième anneau madréporique couvert de forêts.

Le madrépore formant la partie extérieure est un
peu plus relevé que les terres, aussi les eaux qui
descendent des flancs du plateau sont-elles arrêtées
un instant par cette sorte de bourrelet; mais le sol,
perméable et caverneux, leur permet de s'écouler
jusqu'à la mer par des fissures souterraines. Au
sud du plateau s'élève le pic N'ga, qui domine toute
l'île à une hauteur de 266 mètres. La zone comprise
entre la ceinture madréporique et le plateau est
généralement cultivable. En suivant la côte ouest
du sud au nord, on rencontre une vallée de 3,500
mètres environ, dont le terrain se prête facilement
à la petite culture. C'est aux extrémités de cette
vallée qu'ont été établis les deux premiers centres
de déportés. Une route, partant de la baie de Kuto,
lieu de débarquement des navires, se dirige vers
ces deux centres ; d'autres routes relient entre eux
les différents établissements de l'administration.
L'île des Pins n'offrirait point de ressources pour
de très-nombreuses ou de très-grandes exploitations; mais elle renferme tous les éléments qu'avec
des capitaux restreints, et surtout avec un goût bien
faible pour le travail, la déportation peut utiliser.

Lorsque cette île a été désignée comme lieu de
déportation, elle était occupée par une tribu d'indigènes convertis au catholicisme; la population
s'était même accrue récemment d'un millier de
catholiques émigrés de l'île Maré, une des Loyalty.
Tout ce troupeau vivait sous la direction spirituelle
des pères maristes, premiers pionniers de la foi et
de la civilisation dans cette partie de l'Océanie. Les
principales cultures des indigènes se trouvant sur

les points les plus favorables au campement des
déportés, le gouverneur traita avec les chefs,
moyennant une indemnité payable en vivres pendant un temps déterminé, les émigrés de Maré con-
sentirent à se laisser conduire à Lifou, une autre
des Loyalty, et la population autochthone voulut
bien se cantonner dans l'est et dans le nord de
l'île, particulièrement près du mouillage de Gadji.
Le territoire militaire, réservé à l'administration,
fut choisi au sud du pic N'ga, de manière à profiter
du mouillage d'Uro et de la presqu'île de Kuto,
dans laquelle se trouvent la prison, les casernes et
le logement du commandant. Quant aux déportés,
un millier d'entre eux environ ont obtenu la concession de près de 500 hectares de terres situées sur le
terrain qui s'étend depuis Uro au sud, jusqu'à Gadji
au nord.

Ne quittons pas l'*île des Pins* sans signaler les
difficultés que présentent ses abords parsemés de
récifs, et sans remarquer qu'elle est le centre d'un
groupe d'îlots boisés et couverts de pins, au nombre
desquels il convient de citer l'île Alcmène, dont on
a tiré beaucoup de bois pour les établissements de
Port-de-France.

En s'éloignant de l'île des Pins pour remonter
vers la côte ouest de la Nouvelle-Calédonie, on rencontre d'abord l'île Ouen, aux sommets escarpés, et
ne possédant que très-peu de terres cultivables ; elle
est séparée de la Grande-Terre par un chenal profond, connu sous le nom de canal Woodin. Non
loin de ce canal, en dedans de la ceinture des récifs
et près de la passe de Boulari, se trouve l'îlot Amé-

déc, sur lequel est établi une station de pilotes et un phare de premier ordre; la tour de celui-ci est en fer, peinte en blanc, et élevée de 53 mètres de la base au paratonnerre. Le feu est visible à 40 kilomètres avec une atmosphère claire; l'îlot Amédée est de sable, couvert de petites broussailles.

L'île Nou, ou Du Bouzet, est à l'entrée de la rade de Nouméa; nous l'avons déjà citée en parlant de cette dernière; ajoutons qu'elle offre de précieuses ressources en bois et possède deux sources d'une eau excellente, dont une ne tarit jamais. C'est sur cette île que sont établis les bâtiments du pénitencier; on y a entrepris quelques défrichements et construit une manutention et un hôpital pour les transportés. A l'entrée, et dans la baie de Saint-Vincent, il existe plusieurs îles, dont les plus importantes sont les îles Mathieu, Montagnès, Parseval, Le Prédour, Montravel et Ducos. Cette dernière, qu'il faut éviter de confondre avec la presqu'île du même nom, est assez fertile, possède d'excellents bois, un ruisseau et un petit port dont le mouillage est sûr. Au nord de ce point et en continuant à remonter la côte ouest, on ne rencontre plus que des îlots sans importance, tels que ceux de Lebris, Contrariété, Grimoult, Konié, Boh et Tanlé dans la baie de Néhoué, et enfin celui de Mouac à l'entrée de la baie de Banaré.

Iles Loyalty. — De toutes les îles dépendant de la Nouvelle-Calédonie, les plus importantes sont celles de Loyalty, à environ 110 kilomètres dans l'Est, et séparées de la Grande-Terre par un canal extrêmement profond. Le groupe se compose de trois îles princi-

pales : Maré, Lifou, Ouvéa ; des îles Pléiades et
Beaupré, de quelques autres îles très-petites situées
entre Maré et Lifou, et de nombreux ilots.

Ouvéa est une bande étroite et calcaire, légèrement convexe du côté de l'est, qui s'étend du S.-O.
au N.-N.-E. sur une longueur de 42 kilomètres et
une largeur moyenne de 4 à 5, excepté dans la
partie nord qui a près de 14 kilomètres de large.
A l'ouest de l'île, une série d'ilots circonscrivent
un bassin de 18 mètres de profondeur, où mouillent
les navires sur un fond de sable mou très-uni.
L'île est boisée et contient une certaine quantité de
bois de rose ; les terres végétales et les cultures
sont peu nombreuses ; cependant les bananiers y
viennent assez bien, ainsi que le papayer et le
cocotier. Ouvéa est partagée en deux grandes tribus de 14 à 1,500 habitants chacune : au nord, la
tribu des Ouanéki ou Ouanégué, dont le village
principal est au centre de l'île ; au fond de la baie
du N.-O. s'élève le village de Saint-Joseph où les
missionnaires ont construit une vaste église et où
le mouillage est bon pour les navires ; Oncis, autre
village important de cette tribu, est situé à l'extrémité de la pointe nord-ouest de l'île. C'est par
quelques familles dépendant d'Ouanéki que sont
peuplées les îles Beaupré. Au sud, habite la tribu
de Fadiaoué qui a son village sur la côte ouest.

La plus grande des trois îles, Lifou, a une longueur d'environ 60 kilomètres du S.-E. au N.-E.,
sur une largeur de 30 kilomètres. Le sol, entièrement composé de corail mort, est presque toujours
dénudé sur le rivage et la bande avoisinante qui ne

comprend guère que des rochers. Dans le centre,
il est au contraire couvert de végétations diverses,
au nombre desquelles figurent des bois d'essences
variées et précieuses, tant pour les constructions
que pour les travaux de menuiserie et d'ébénisterie. Des arbres de la plus belle venue
des cocotiers, des pins, croissent serrés et mé-
langés au milieu des rochers ; le cap Lefebvre
entre autres est couvert de pins très-élevés, dont
les racines courent à nu sur un lit de pierres
accidenté. La couche d'humus étant extrêmement
légère, la partie arable se trouve nécessairement
restreinte à une faible portion de la surface de
l'île ; néanmoins le coton, le tabac, viennent très-
bien ; ils s'y rencontrent en une foule de points à
l'état sauvage ou inculte. Un jardin d'essai, créé
depuis 1864, a donné de beaux résultats : vigne,
fruits de tous genres importés de la Réunion, légumes, plantes rares et fleurs variées, tout y réussit à merveille. Le bois de sandal qui abondait
autrefois dans l'île, a disparu presque complétement
par suite d'une exploitation mal entendue ; on ne
le rencontre plus qu'à l'état d'arbrisseau, mais des
mesures ont été prises pour repeupler l'île de cette
essence précieuse.

La population de Lifou est divisée en trois tribus : celle d'Ouette, au nord ; de Gadja, au centre ;
et de Leuci, au sud. La première compte 2,200
âmes qui occupent les villages de Ounate, Iacho,
Chepenché, Ouneuse, Nassato ; la seconde, environ
1,300 habitants répartis dans les villages de Doua-
oulou, Gadja et Oué ; enfin la troisième se com-

pose d'au moins 4,000 âmes disséminées dans tout le pays de Mou. Nous n'avions autrefois que le poste d'Enou dans l'anse nord de la baie du Sandal, et c'est seulement en 1864, après l'expédition du commandant Guillain, que le poste de Chepenehé, situé un peu plus au sud, a été créé. Aujourd'hui, des routes ont été ouvertes, des puits creusés, et l'on construit les divers établissements nécessaires à notre occupation, tels que : maison de commandement, magasins, hôpital, casernes, four, etc.

L'île Maré, un peu moins grande que Lifou, n'a que 34 kilomètres de longueur sur 29 de largeur ; comme les précédentes, elle se compose de corail mort, et atteint une hauteur totale de 90 à 100 mètres. La couche d'humus est plus épaisse qu'à Lifou, et il y a des parties extrêmement boisées. Dans le nord-est de Maré, se trouve un large plateau, au sommet duquel on aperçoit, de quelque côté qu'on aborde l'île, une excroissance de forme arrondie qui attire l'attention par sa position culminante, et par ce fait que c'est le seul point qui n'affecte pas le profil horizontal et vertical particulier aux plateaux situés au-dessous. Maré a environ 4,300 habitants qui occupent les villages de Tenne sur la baie du nord, de Lota un peu au sud, de Padaoa, Néché et Manoume sur la côte ouest. L'île ne possède que deux très-mauvais mouillages.

Avant de quitter le groupe des Loyalty, citons encore l'île de Mouli, au sud d'Ouvéa, qui a 200 habitants, et celle de Tiga qui en a 100, entre Lifou et Maré. Ces deux derniers chiffres portent à 15,000 âmes la population totale de l'archipel.

Sous le rapport physique, les habitants ressemblent à ceux de la Nouvelle-Calédonie dont nous allons parler, mais leur état de civilisation est généralement plus avancé. Toutefois, le cannibalisme existe encore à Maré, dont la partie sud s'est montrée, jusqu'à présent, rebelle à toute tentative de civilisation.

POPULATION

Pour ne pas interrompre la description géographique que nous avons commencée, nous devrions maintenant énumérer les lieux habités de la colonie; mais, il nous a paru plus logique de n'entreprendre cette énumération que lorsque nous aurons fait connaître les gens du pays. C'est pour cette raison que nous plaçons ici le chapitre relatif à la population.

La population indigène de la Nouvelle-Calédonie est peu nombreuse; elle ne compte guère que 40 à 50,000 âmes dans une contrée qui suffirait, en ne lui supposant qu'une densité égale à celle de nos Antilles ou de la Réunion, à occuper deux millions d'habitants. Les indigènes donnent leur travail à bas prix, mais ils ont une telle aversion pour les occupations régulières, qu'ils ne sauraient constituer sous ce rapport une ressource bien sérieuse pour la colonie. D'ailleurs, les Kanaks sont si éloignés de notre civilisation, que, malgré les efforts des

missionnaires et les faibles résultats déjà obtenus,
il faut se faire à l'idée de les voir disparaître devant
l'invasion des Européens. Cette population, divisée
en tribus peu nombreuses, comptant chacune de
500 à 2,000 individus, et subdivisée en très-petits
villages ne renfermant guère que les membres ou
les alliés d'une même famille, vit dans un état
d'hostilité permanent. Les tribus se font entre elles
des guerres acharnées qui les ruinent, et accrois-
sent la mortalité d'une manière effrayante. De
plus, des maladies épidémiques dont l'apparition
parait coïncider avec notre venue dans l'île, les
font mourir en grand nombre, et tout porte à croire
que cette race d'hommes, comme celle des Caraïbes
dans les Antilles, est condamnée à être un jour
anéantie.

Voici quelques détails sur l'origine et les habitudes de ce peuple, encore si peu connu en Europe.
Suivant le R. P. Montrouzier qui vit depuis longtemps parmi eux, ces naturels viendraient du sud
de l'Asie, et il appuie son opinion sur de bonnes
raisons : 1° la distinction des castes qui est un trait
caractéristique des Asiatiques ; 2° l'institution du
Tabou (1), objet déclaré sacré ; 3° la circoncision ;
4° l'emploi d'un langage d'étiquette à l'égard des
chefs ; 5° enfin la similitude d'une foule d'usages de
la vie civile. D'après un autre auteur, M. Braine,
les Néo-Calédoniens seraient venus des îles Wallis
de la Polynésie ; mais il ne parait pas que ce soit

(1) *Tabou :* sorte d'interdiction prononcée sur un objet ou sur
une personne par les prêtres ou les chefs. Un particulier peut
imposer le tabou sur ses propres biens, sur sa maison, sur certains aliments dont il s'interdit l'usage.

là leur véritable origine, car l'émigration de ce peuple dans les Loyalty ne remonte pas à plus d'un siècle. Pour nous, nous nous rangerons à l'opinion du Dr de Rochas qui pense que la Nouvelle-Calédonie doit sa population, non pas à une souche unique, mais qu'elle l'a reçue de diverses sources. Parmi celles-ci il faut certainement citer les Papouas de la Nouvelle-Guinée et d'autres peuplades noires de l'Asie australe, qui y sont arrivées en même temps que la race jaune polynésienne y envoyait de son côté des colonies. C'est du mélange de toutes ces races qu'a dû sortir la variété Néo-Calédonienne, dans laquelle on reconnaît encore aujourd'hui des Endamines de l'Australie, des Papouas et des Polynésiens.

Cette opinion explique l'aspect physique de nos indigènes, qui rappelle celui des peuples dont nous venons de citer les noms; ses principaux caractères sont une sorte de fusion de ceux des nègres, des Polynésiens et des Australiens. Ils sont en général fortement constitués, mais leurs traits sont peu agréables; beaucoup plus noirs que les Polynésiens, moins noirs que les nègres, ils ont les cheveux crépus, le front peu évasé, les lèvres légèrement saillantes. Leur nez est épaté artificiellement; le plus souvent leurs oreilles sont largement percées au lobe inférieur; ils n'ont pas les membres grêles des Australiens; leur barbe est fournie, mais le plus grand nombre ne la laisse pas pousser; en naissant les enfants sont presque blancs. Les vieillards sont rares et n'arrivent jamais à un âge très-avancé, ce qui tient sans doute à l'habitude qu'ils ont de donner la mort à ceux de leurs malades dont la position paraît désespérée. Les Néo-Calédoniens ont peu d'enfants, et encore, suivant le R. P. Montrouzier, s'en débarrassent-ils souvent.

Il a été beaucoup question des habitudes d'anthropophagie de nos Kanaks; il n'est malheureusement que trop vrai que cette abominable coutume existe chez eux. Mais ce qui n'est pas moins certain, c'est que cette coutume est loin d'être aussi enracinée qu'on veut bien le dire; ceux qui ont embrassé le christianisme, et ils sont aujourd'hui nombreux, y ont renoncé tout à fait. De plus, il faut se garder sur cette question comme sur toutes les autres, de tomber dans une exagération ridicule. Certains voyageurs, cédant au désir d'intéresser vivement leur auditoire en l'impressionnant par des récits émouvants, ont raconté, dans un style imagé, des scènes atroces. Certes, nous ne mettons pas en doute l'authenticité des faits qu'ils ont signalés; mais pourquoi se sont-ils autant appesantis sur un pareil sujet? S'ils ont voulu décourager les colons que tentait l'espoir d'arriver promptement à la fortune dans un pays neuf, ils ont parfaitement réussi, car nous avons entendu des gens nous dire le plus sérieusement du monde, qu'ils ne mettraient jamais les pieds dans une contrée où les hommes se mangent entre eux. De tout ce qui leur avait été dit sur la Nouvelle-Calédonie, c'était ce qui les avait le plus frappés, ce qu'ils avaient le mieux retenu. Ne dirait-on pas, à entendre une semblable réflexion, que là-bas le sauvage ne vit absolument que de chair humaine, et que l'homme est passé à l'état de gibier? Il n'en est rien cependant ; les tribus de la Nouvelle-Calédonie, comme les nations de l'Europe, se font souvent la guerre, et ce sont les ennemis tués ou les prisonniers faits pendant le combat, qui sont mangés. C'est déjà bien horrible ; mais il y a loin de là à cette croyance qu'il suffit à un Kanak d'apercevoir un homme blanc pour se sentir en appétit. L'indigène ne tue pas pour manger ; il tue pour les mêmes motifs que nous ; ses guerres sont provoquées par des compétitions de territoire, des haines de famille ou de tribu, et l'anthropophagie n'en a jamais été la cause. Nous ne saurions trop le répéter, cette hideuse habitude a énormément diminué depuis la conquête, et tout porte à croire que nous ne tarderons pas à la voir entièrement disparaître.

Nous ne prétendons pas faire des Néo-Calédoniens des modèles de douceur, de loyauté et de vertu, mais nous pensons qu'on a beaucoup exagéré leurs défauts, et qu'en les traitant avec bonté, sans aucune faiblesse, on pourrait préparer une génération qui vaudrait mieux que ses pères. Si le R. P. Montrouzier les trouve paresseux, fourbes, cruels et orgueilleux, défauts qu'il est possible de corriger par l'éducation, il ne conteste pas leur intelligence, qui est remarquable. Il est certain que celle-ci se révèle par une foule d'usages et d'habitudes que les Européens les plus civilisés ne désavoueraient pas. Ainsi, ils choisissent généralement avec beaucoup d'art et de goût l'emplacement de

leurs villages. C'est presque toujours sur le bord
des rivières qu'ils construisent leurs cases; ils
savent que l'eau est le premier besoin de la vie sous
les tropiques et l'agent le plus certain de la fécon-
dation de la terre. Aussi sont-ils vraiment surpre-
nants dans l'établissement de leurs travaux hydrau-
liques; sur tous les points de l'île, on rencontre
tantôt un canal qui va chercher l'eau d'une source
au flanc d'une montagne, pour la distribuer à travers les plantations sur un parcours de plusieurs
kilomètres; tantôt de vastes plates-bandes, étagées
de gradins en gradins, et laissant tomber de l'une
à l'autre juste la quantité d'eau nécessaire pour que
les racines de la canne à sucre et du taro ne manquent jamais de fraîcheur. Lorsque le voyageur
aperçoit de loin un village indigène, il est assuré
de pouvoir y prendre un bain et d'y boire de l'eau
fraîche.

Jamais les hommes d'un même groupe ne se disputent entre eux; ils partagent et se distribuent
tout ce qu'ils reçoivent. La guerre a lieu souvent
d'une tribu à une autre, mais jamais entre les membres d'une même tribu. Tout ce qui intéresse la
communauté est discuté en conseil; les plus an-
ciens, les plus intelligents et les plus influents se
réunissent et parlent longuement, chacun à son
tour exprimant sa pensée, donnant son avis. Avant
de prendre une détermination, on laisse s'écouler le
temps nécessaire; si l'affaire est grave, on la re-
prend plusieurs fois , on la discute pendant de
longues journées, et enfin, lorsqu'on s'est mis d'accord, on en prévient la population qui, tout en-

tière, exécute ce qui a été décidé par cette sorte de conseil des notables. Les Kanaks ont pour principe que le gouvernement d'une tribu doit être confié au plus digne, et changer de mains le plus rarement possible. Aussi est-ce le plus jeune fils du chef qui succède à son père, et non l'aîné; ils pensent qu'ils ont plus de chances d'avoir de longs règnes, ce qu'ils considèrent comme préférable à des changements trop répétés. Lorsqu'un chef ne trouve pas qu'il y ait parmi ses enfants quelqu'un digne de commander, il adopte le jeune garçon de sa tribu qui lui paraît le plus accompli, et il le désigne comme son successeur. Tout le monde le reconnaît, et le vrai père devient alors étranger à son fils.

Lorsqu'on veut donner une idée d'une population peu connue, après quelques détails sur sa manière de vivre, ses habitudes, ses mœurs, on parle généralement de sa manière de se vêtir, et on décrit son costume. Nous voudrions bien en faire autant pour les Néo-Calédoniens, mais nous en sommes empêchés par la meilleure de toutes les raisons, c'est que leur vêtement n'existe pas. Ils ont bien quelquefois la tête ornée de feuillages, une hache de pierre, ou des flèches et un arc à la main, mais voilà tout. Ou plutôt non, ce n'est pas tout; seulement, le reste est si peu de chose, et d'ailleurs ce serait si difficile à expliquer honnêtement autrement qu'en latin, qu'il nous paraît plus prudent de nous en tenir là et de ne pas nous aventurer dans une description impossible.

Avant de terminer ce chapitre relatif à la popu-

lation indigène, nous devons rassurer le colon sur
les appréhensions que pourrait faire naître chez lui
l'existence d'un peuple sauvage, relativement nombreux, si on le compare aux Européens réunis autour des centres déjà créés. Nous avons dit que les
tribus sont presque toujours en guerre entre elles ;
il en résulte qu'aucun chef n'est assez puissant pour
réunir contre nous une expédition redoutable ; leurs
rivalités entretiennent parmi eux des divisions favorables à notre ascendant, qui est aujourd'hui in-
contesté. Notre domination est acceptée partout,
sinon de bonne grâce, au moins par raison, et
si tous les Kanaks ne peuvent se plier à nous
vendre leur travail, du moins ne sont-ils plus à
craindre. Avec une conduite prudente et beaucoup
de fermeté, les Européens n'ont aucun danger sé-
rieux à redouter.

CENTRES DE POPULATION

**Tribus, villages, exploitations européennes, péniten-
ciers, etc.** — Un voyage circulaire, semblable à celui
que nous avons entrepris autour de l'île pour la
description physique de ses côtes, nous semble le
moyen le plus commode à employer pour énumérer
avec ordre les lieux habités de la colonie. Commen-
çons donc par la plage sur laquelle ont été jetés les
premiers Européens qui se soient fixés en Nouvelle-
Calédonie, c'est-à-dire par le havre de Balade, à
l'extrémité nord-est de la Grande-Terre.

Depuis le 19 décembre 1843, jour du débarquement de la mission de Mgr Douarre, jusqu'en 1854,
Balade est resté le seul point occupé par nos compatriotes; un poste fortifié y a été construit l'année
même de la prise de possession de l'île, au mois de
septembre 1853. Mais, le peu de sécurité du mouillage ayant engagé le gouvernement à chercher un
lieu plus favorable pour la création de nos établissements, Balade n'a pu prendre le développement

que son droit d'aînesse semblait lui promettre. Cependant, cette partie de l'île a repris une certaine
activité depuis que la mine de cuivre, connue sous
le nom de la Balade, et qui est située un peu plus
au nord, est en pleine exploitation. La partie nord
de la côte comprise entre Tiari et.Pouébo, forme la
tribu de Pouma qui s'étend dans l'intérieur jusqu'au Diahot. Il y a sur la côte trois villages principaux : Maamat en face du mouillage, Baio sur
l'aiguade(1), et Balade à mi-chemin entre Baio et
le cap Pouébo sur la limite de la tribu.

A quelques kilomètres au sud de Balade, se trouve
le port de Pouébo, où la mission catholique possède
un établissement important, avec une église en
maçonnerie et des ateliers pour les indigènes. La
tribu de Pouébo, ou Mouélébé, habite sur le rivage;
le village du chef est près du port, au sud du cap
de ce nom. Le poste militaire d'Oubatche est un
peu au-dessous de ce village.

Au sud de Pouébo nous rencontrons la tribu importante de Téa-Dianou qui habite tout l'intérieur,
et ne possède sur la côte nord-est que le hameau de
Ouanpouct, propriété du chef. Taou, remarquable
par ses belles cascades, et Panié, sont de petits
villages alliés et dépendant de Hiengouène; c'est
sous l'influence de cette dernière qu'est placé Ouétième, qui est cependant habité par des indigènes
originaires de Pouébo et amis de cette peuplade.
La tribu de Téa-Dianou occupe les gorges voisines
des sources du Diahot, d'où sortent les deux

---

(1) *Aiguade* : lieu où les navires font provision d'eau.

rivières qui se jettent dans la mer à Ouétième.

La tribu d'Hiengouène, à 48 kilomètres au sud de Pouébo, une des plus puissantes de l'ile, s'étend jusqu'à la rivière de Tipendié. Au sud-est de Hiengouène se trouve la tribu des Pouaï, divisée en deux sections : les Pouaï-Pindié sur la rivière de Tipendié, et les Pouaï-Chefs, un peu à l'intérieur, au sud-est des premiers qui les ont en partie détruits. La première tribu que l'on rencontre au sud de Tipendié, est celle de Touo, dont la limite N.-O. est formée par la rivière de ce nom, et qui s'étend jusqu'à celle de Pouanendon, au sud de Kouaï. La mission et le village du chef, sont situés à l'est du cap Touo.

A 55 kilomètres environ au sud de Hiengouène, entre la chaine médiane de la Nouvelle-Calédonie et le bord de la mer, s'étend le vaste territoire de la tribu de Ti-Ouaka, ou simplement Ouaka. Ce dernier nom lui-même a été altéré, et la tribu est le plus souvent désignée aujourd'hui sous le nom de *Wagap*, ou Houagape. Elle est divisée en trois sections indépendantes les unes des autres : les Ti-Ouaka dans la vallée de ce nom où se trouvent les établissements de MM. Lepeu et de Fontbrune; dans le haut de la rivière, les Amoua, dont le principal village est situé au pied de la montagne Atit; enfin les Tibuaramua, depuis la petite rivière Ina jusqu'au cap Baye. Les Baye, ou Baï, forment une tribu indépendante et très-guerrière, qui a été presque détruite par ses voisins ; au sud de Baye, se trouve la très-petite tribu de Ouindou, dans la belle vallée de ce nom. Un poste militaire a été fondé à Houagape en 1862, à la suite d'une révolte des gens de cette tribu. Les établissements du poste, et ceux de la mission, sont assis sur une grande plage sablonneuse qui fait face à la rade, et réunis entre eux par une route de 500 mètres de longueur; en arrière, se développe une vaste plaine qui est bornée d'un côté par la rivière de Wagap. A dix minutes du poste, au sommet d'une colline de 150 à 200 mètres de hauteur, il existe une ardoisière dont l'exploitation a donné de bons résultats, mais a été abandonnée.

Au sud de Houagape, nous rencontrons, le long de la baie de la Bayonnaise, dans la vallée de Goyeté, la puissante tribu des Atinen, dont le chef a presque détruit la population de Baye et conquis Monio. Le principal village des Atinen, dans la rivière de Goyeté, s'appelle Pounérihouen. Passons rapidement devant Ouaïlou, qui n'est encore qu'un centre en formation, Houaïla, Nakari et Couaoua dont nous avons décrit la jolie baie, et arrivons à Canala. Ce dernier point, remarquable par le pittoresque et la fertilité de ses environs, non moins que par la beauté de sa rade, au fond de laquelle se trouve le port d'Urville, avait fixé l'attention du commandant Saisset dès l'année 1859, lors de l'expédition où fut tué le capitaine Tricot, et qui se termina par la capture et l'exécution des chefs Jack et Kandio. C'est sur une colline assez élevée des bords de la rivière Negrepo que le commandant se décida à fonder le poste de Napoléonville, d'où l'on domine toute la plaine environnante. Le pénitencier agricole de Canala est florissant; quelques colons possèdent de belles plantations, et tout fait espérer que ce point, grâce à la richesse de son terrain, deviendra l'un des centres les plus productifs de la colonie. Une route muletière relie notre établissement à Nouméa, en traversant l'intérieur de l'île ; la distance par mer, entre Canala et le chef-lieu, est de 260 kilomètres environ.

En quittant Canala pour continuer notre voyage dans le sud, nous passerons devant Naketi, Ouetoé, N'goé, Ounia, pour arriver presqu'à l'extrémité sud de la Grande-Terre, à l'établissement agricole de Yaté, fondé en 1864, sur la rive gauche et à l'embouchure de la rivière de ce nom. Un sentier indigène met ce point en communication avec la côte ouest, en traversant les bassins des rivières de Yaté, des Kaoris et de Boulari ; il aboutit, après avoir parcouru une distance de 100 kilomètres, au hameau de Nékoé, à l'embouchure de la rivière de Boulari. Après avoir franchi le canal de la Havannah, nous entrons dans la baie de Prony, où le commandant Sebert a installé, en 1867, sous le gouvernement de M. Guillain, alors capitaine de vaisseau, des chantiers et une exploitation de bois, qui ont rendu les plus grands services à la colonie. Toute cette partie de l'île est parcourue par quelques indigènes errants, appartenant à un groupe peu nombreux auquel on a donné, assez improprement, le nom de tribu des Touaourous.

Au delà du canal Woodin, après avoir dépassé Ouie, N'go et l'embouchure de la rivière des Kaoris, nous atteignons le territoire de Boulari, qui offre partout l'aspect d'une fertilité rare : les vallées sont

profondes et parcourues par des cours d'eau dont
les bords disparaissent sous une végétation puissante ; les montagnes, quoique élevées, ont jusqu'à
la moitié de leur hauteur une déclivité qui permet
toute culture ; elles baignent leur pied dans la mer
et non, comme cela a lieu trop souvent ailleurs,
dans des marécages couverts de palétuviers. Les
forêts de l'intérieur sont riches en arbres propres
aux constructions, et qui peuvent être facilement
amenés à la baie. C'est dans cette vallée, au pied
du mont d'Or, que M. Berard, celui-là même qui
fut massacré, le 19 janvier 1857, avec onze Européens, avait commencé des plantations de canne à
sucre considérables et monté le premier moulin à
canne qui ait fonctionné dans la colonie. C'est aussi
sur les bords de cette même baie que les missionnaires possèdent leurs établissements de Concep-
tion et de Saint-Louis, qui sont aujourd'hui floris-
sants.

Un peu au nord de Boulari, dont elle n'est séparée que par une étroite bande de terre, se trouve
la capitale de la Nouvelle-Calédonie, Port-de-France,
à laquelle une décision impériale du 14 mars 1866
a rendu le nom indigène de Nouméa, qui a l'avantage d'éviter toute confusion avec Fort-de-France,
chef-lieu de la Martinique. La ville est construite à
l'extrémité d'une presqu'île ; elle offre à la navigation un port très-sûr, accessible par les deux passes
de Boulari et de la Dumbéa aux navires de tous les
tonnages, et bien abrité du vent par les hauteurs
de l'île Nou, du sémaphore, de la loge maçonnique
et de la pointe de l'artillerie. L'emplacement ré-

servé à la ville, qui compte aujourd'hui de 5 à
6,000 habitants, est malheureusement resserré entre
les hauteurs et la mer, et de nombreux travaux ont
été nécessaires pour l'aménagement du terrain.
La plupart des habitations de Nouméa sont en
bois; cependant, dans ces derniers temps, plus de
400 maisons en maçonnerie ont été construites,
sans compter les magasins de la flotte, le Trésor et
la caserne d'infanterie de marine. De larges voies
de 3 et 400 mètres de longueur, se coupant à angle
droit, ont été tracées, et la population s'accroît tellement vite que, sans rêver une fortune aussi rapide et aussi brillante que celle des grands centres
australiens, on peut dès aujourd'hui entrevoir le
moment où Nouméa comptera parmi les villes importantes de l'hémisphère austral. On y a fondé un
orphelinat, un hôpital, des écoles primaires religieuses, un cercle, des sociétés particulières, une
compagnie d'assurances, une banque, des hô-
tels, etc. Près de la ville, et à 1,500 mètres environ
de l'observateur placé en rade, s'élèvent les établissements de l'artillerie de la marine, sur un petit
plateau qui commande la rade, les passes et l'anse
dite baie des Anglais. Une tour servant de sémaphore domine la ville; elle est élevée de 95 mètres
au-dessus du niveau de la mer et se voit à 40 kilomètres au large, du sud à l'ouest.

On a beaucoup critiqué, et on critique encore le
choix fait par le commandant de Montravel, de
l'emplacement occupé par le chef-lieu de la Nouvelle-Calédonie. Il est certain, ainsi que nous l'a-
vons déjà fait remarquer dans notre description

des rivières de la colonie, que par suite d'une disposition particulière du terrain, Nouméa manque d'eau potable. Mais, outre l'eau de pluie qui se conserve dans des réservoirs, sans parler des machines à distiller l'eau de mer, n'y a-t-il pas la rivière de Saint-Louis, et au besoin la Dumbéa, dont les eaux peuvent être facilement amenées au centre de la ville? Sans doute, il eût été préférable de trouver sur un même point tous les avantages réunis : un terrain bien aménagé, et des eaux abondantes. Malheureusement, on ne rencontrait nulle part sur la côte, de Bouraïl à Canala, un port aussi avantageux pour le commerce, aussi parfait pour la marine militaire qui a besoin d'une station navale offrant toute sécurité, aussi facile à défendre soit contre une attaque venant du dehors, soit contre les incursions des indigènes. Toutes ces considérations avaient, au moment de la conquête, et ont encore, une importance considérable. Aussi, est-ce autour de Nouméa, et sous la protection de nos troupes, que la colonisation a commencé à se développer; aujourd'hui, il ne reste que peu de terrains disponibles entre la ville et le pont des Français, qui en est à 9 kilomètres.

Nous ne pouvons quitter Nouméa sans dire quelques mots de la presqu'île Ducos, dont le nom est si souvent prononcé, depuis qu'elle est devenue le lieu de résidence des condamnés à la déportation dans une enceinte fortifiée. La presqu'île est longue d'environ 7 kilomètres. Elle est formée d'une succession de vallons adossés à une chaîne centrale, et séparés par des contre-forts dont les altitudes vont jusqu'à 150 mètres; un isthme de 300 mètres de largeur, et d'un accès difficile, l'unit à la Grande-Terre, mais la baie qui l'avoisine du côté de Nouméa n'a pas de profondeur d'eau. A marée basse, cette baie se découvre en grande partie, et il existe au milieu de ses fonds marécageux et des palétuviers dont elle est encombrée, un gué praticable, même aux voitures. La presqu'île Ducos est à 15 kilomètres par terre de Nouméa, et à 2 kilomètres de l'île Nou. On n'y trouve ni sources, ni ruisseaux, et on a dû suppléer au manque d'eau courante en construisant des citernes pour recueillir celle qui filtre au fond des ravines. C'est à M'bi que se trouve le port et le territoire militaire, et dans la vallée de Numbo le centre principal de la déportation.

Signalons encore, non loin du chef-lieu, la ferme-modèle de Yahoué; remarquons le véritable cordon de colons qui s'étend de Nouméa à Bouloupari; passons devant la magnifique et fertile vallée de Dumbéa, où se voient de belles plantations de sucre et de gras pâturages, et arrivons au village de Païta, qui est à 20 kilomètres environ de la capitale. Pour continuer notre route vers le nord, traversons Koui, Titema, Karikate; dépassons la baie de Saint-Vincent rendue presque impraticable par les atterrissements des rivières qui descendent des montagnes et gagnons Ouaraïl, où un pénitencier agricole a été fondé. Un peu plus au nord, en poursuivant notre voyage le long de la côte, nous apercevons sur notre droite une usine à sucre, et le remarquable pénitencier de Bouraïl, fondé sous le gouvernement de l'amiral Guillain, et qui a eu pour créateur M. Lacroix. Puis, toujours dans la même direction, mais après avoir dépassé la tribu de Panemat et l'île Konié, les territoires de Tiamoue et de Tipindié, sur lesquels nous trouvons, non loin de la côte : les villages de Goyeta, Mango, Voh, Paqouiepe, le poste militaire de Gatope fondé après l'expédition de 1865, Fondiac, Patavi, et, en nous rapprochant du centre de l'île, Tandé, Pouan-boitche, Pamalé, au milieu des montagnes, à côté des sommets les plus élevés de la grande chaîne.

Plus au nord, entre la baie de Chasseloup que nous venons de quitter et le cap Devert, s'étend le vaste territoire de la tribu de Konci, qu'il faut tra-verser pour atteindre un pays habité par deux autres grandes tribus : celle de Gomen, au pied du piton du cap Devert, et celle de Koumac, au pied du massif qui sépare la plaine du village de Néoué. C'est sur cette immense étendue de côte, entre Koumac et Gatope, que se trouvent les 25,000 hec-tares de terre achetés par la Société de la Nou-velle-Calédonie, et que le gouvernement a exemp-tés d'impôt foncier pendant dix années. Téoudié, centre nouvellement créé, est le chef-lieu du terri-toire de la Société foncière. Toute la contrée est merveilleusement disposée pour appeler une colo-nisation rapide : les montagnes qui entourent le pays de Gomen, forment un vaste fer à cheval très-ouvert à l'ouest, du côté de la mer ; l'air y circule de tous les côtés, ce qui rend la chaleur très-suppor-table, même pendant la saison chaude. La rivière d'Iouanga circule au fond de ce riche bassin, sur des terres d'alluvion extrêmement profondes, et couvertes d'une végétation tropicale qu'on ne peut se lasser d'admirer : de gigantesques banians, de gracieux cocotiers, élèvent leurs têtes au-dessus des gommiers, des bananiers, et des papaïers, reliés entre eux par des lianes de mille espèces. Taom et Témala communiquent avec Gomen par un terrain plat, large de deux kilomètres et demi, longeant la mer pendant plus de deux lieues. Ici, c'est un tout autre aspect : point de rivière principale, mais de nombreux petits cours d'eau ; peu de végétation, mais douze à quinze milles hectares de plaines doucement et largement ondulées, recouvertes d'une herbe serrée, haute de plus d'un mètre. C'est un des points de la colonie dont l'avenir est le plus certain, si, comme tout le fait supposer, la Société foncière, dont le gouvernement local favorise les essais, voit ses efforts couronnés de succès.

Enfin, pour terminer notre voyage, gagnons l'extrémité nord de la Calédonie en passant sur les territoires de Néhoué, Daotte, Nénéma ; redescendons au sud par Arama, pour atteindre la baie d'Harcourt et l'île Pam ; citons, en courant, dans la vallée du Diahot, que nous avons déjà décrite, les villages de Diahot, Moindine, Bondé, le centre minier de Ouégoa, et arrivons ainsi jusque sur le territoire de Balade, qui a été notre point de départ.

MOYENS DE COMMUNICATION

Paquebots. — La Nouvelle-Calédonie est en communication mensuelle avec la France, au moyen des paquebots anglais de la Compagnie péninsulaire et orientale, qui desservent l'Australie. Ces steamers, qui partent d'Europe toutes les quatre semaines avec les journaux, correspondances et passagers destinés à notre colonie, prennent à Pointe-de-Galles les courriers laissés pour la même destination, soit par les paquebots-poste français des Messageries maritimes, soit par ceux des Compagnies anglaises desservant la ligne des Indes, de la Chine et du Japon. Ils touchent à King-George's Sound (côte nord-ouest de l'Australie), à Melbourne et Sidney.

Depuis le 1er janvier 1871, un service à vapeur, subventionné par la colonie, met en relation directe et mensuelle cette dernière ville avec la Nouvelle-Calédonie. Le lendemain de l'arrivée à Sidney du paquebot de la ligne anglaise péninsulaire et orien-

tale, le paquebot calédonien fait route pour Nouméa ; la durée réglementaire de sa traversée est
fixée à sept jours pleins. Cette organisation permet
d'avoir à Nouméa les dépêches d'Europe huit jours
au plus tard après leur arrivée à Sidney, c'est-à-
dire cinquante-cinq jours environ après leur départ du vieux continent.

Le même paquebot quitte Nouméa de cinq à sept
jours après son arrivée, et porte à Sidney les passagers et les correspondances provenant de la colonie, à destination de l'Australie, et des pays des-
servis par la ligne anglaise péninsulaire et orientale.

Quant à la ligne française des Messageries maritimes, elle ne dessert pas encore l'Australie, et par
conséquent n'est point en communication directe
avec la Nouvelle-Calédonie. Les passagers et les
correspondances venant de France, à destination de
notre colonie, peuvent cependant prendre cette voie
jusqu'à Pointe-de-Galles, où ils s'embarquent sur
les paquebots de la Compagnie péninsulaire et
orientale pour se rendre à Sidney et de là à Nouméa. Les passagers et les correspondances partant
de la Nouvelle-Calédonie peuvent de même, à
l'aide d'un court séjour à Pointe-de-Galles, prendre
dans ce port la ligne française du Japon à Marseille,
par le canal de Suez. Le jour n'est sans doute pas
éloigné où cette dernière ligne prolongera son service, qui s'arrête aujourd'hui à Batavia, jusqu'à
Sidney par Nouméa, ce qui mettrait l'Australie et
la Nouvelle-Calédonie en communication directe
avec la Chine.

Un service de transport maritime, subventionné
par le gouvernement, part de Nouméa quatre jours
après l'arrivée du paquebot calédonien venant de
Sidney, et fait le tour de la colonie en parcourant
l'itinéraire suivant : Nouméa, la baie du Sud, Chepenehé (Lifou), Canala, Oubatche, Pam, Gatope,
Bouraïl, Ouaraïl, Bòuraké (St-Vincent), et retour à
Nouméa.

Il faut ajouter aux services réguliers que nous
venons d'énumérer, les navires de guerre, les transports de l'État et les bâtiments du commerce, dont
les départs n'ont pas lieu à des dates fixes.

Le prix du passage, par les services britanniques
jusqu'à Sidney, varie depuis 7,500 francs environ
pour une cabine réservée, jusqu'à 3,000 francs pour
une cabine commune, et il descend à 8 et 900 francs
pour les passagers de pont ; il faut augmenter cette
somme du passage de Sidney à Nouméa, qui coûte
de 125 à 250 francs, suivant la classe, et 400 francs
si on prend un billet d'aller et retour, ce qui est le
cas de beaucoup de négociants anglais. Il va sans
dire que ces prix ne peuvent donner aucune idée
de ceux que réclament les grands navires du commerce qui ont la spécialité du transport des émigrants ; une nomenclature de ces derniers est à peu
près impossible ; ils varient à l'infini, et présentent
des différences considérables suivant la classe, le
nombre de personnes par famille, ou les stipula-
tions particulières qu'il convient au capitaine ou à
la Compagnie d'agréer. Remarquons cependant
qu'il n'est pas rare de voir le prix de ces passages
descendre à 4 et 500 francs par tête, et même se ré

duire à zéro pour les personnes qui peuvent être utilisées à bord pendant la traversée. Enfin, le gouvernement accorde un certain nombre de passages gratuits sur les navires de l'Etat aux émigrants qui en font la demande, et qui remplissent certaines conditions. Mais le nombre de ces derniers qui se disputent les quelques places vacantes sur nos bâtiments est tellement considérable, que sur plus de 2,000 solliciteurs, 1,000 à peine avaient pu être expédiés en 1873.

Pour que nos renseignements sur le prix des passages soient aussi complets que possible, ajoutons que la ligne qui dessert les divers ports de l'ile et qui est en quelque sorte l'annexe du service mensuel installé entre Nouméa et Sidney, demande à ses passagers 400 fr. pour faire le tour de l'ile en première classe, et 200 fr. en seconde. La création récente de ce service a eu pour conséquence immédiate de faire baisser le prix du fret en arrachant le monopole des transports aux caboteurs anglais qui en abusaient ; ainsi, on ne payait pas moins de 60 fr. pour expédier une tonne de marchandises de Canala à Nouméa, et il fallait le plus souvent donner 150 fr. pour une tonne de coton de Lifou à Nouméa.

Routes. — Ce n'est guère qu'autour du chef-lieu que nous trouvons de véritables routes. La plus fréquentée conduit au Pont-des-Français, à 9 kilomètres de la ville. De ce point partent deux voies : l'une atteint maintenant Saint-Louis, c'est l'amorce de la route destinée à descendre le long de la côte, vers le sud ; l'autre embranchement arrive à Païta, il doit se continuer vers le nord, pour desservir les plaines de Saint-Vincent, Bouloupari, Ouaraïl, et envoie un de ses rameaux à travers toute l'île, jusqu'à Canala. La largeur de ces routes est généralement inférieure à 8 mètres ; elles sont empierrées, mais les tracés n'en ont pas été suffisamment étudiés, et l'on rencontre des pentes de 8 à 10 centimètres et même 12 centimètres par mètre ; leur longueur totale ne dépasse pas 45 à 50 kilomètres. Nous ne tenons pas compte, dans cette évaluation, des tronçons de routes créés autour des postes militaires ou des grandes exploitations ; aucun de ces chemins n'a une longueur suffisante ; ils ne servent qu'à relier entre eux les établissements de quelques groupes de colons sur le bord de la mer, comme par exemple, dans l'île des Pins, l'île Nou, dans la presqu'île Ducos, au pénitencier de Bouraïl, à Païta, à Bouloupari, à Saint-Vincent, dans la vallée du Diahot entre les villages et les centres miniers, à Houagape entre la mission et le poste, etc. Dans la plus grande partie de l'île on ne rencontre que des sentiers souvent difficiles dans la montagne et dangereux pour les chevaux quand la pluie les a rendus glissants. Citons pourtant, dans le sud : celui qui traverse les bassins des rivières de Yaté, des Kaoris et de Boulari, pour aboutir au hameau de Nikoé ; au centre : celui qui va de Canala à Ouaraïl, dont l'extrémité, du côté d'Ouaraïl, a déjà été élargie et améliorée et sera bientôt carrossable sur toute sa longueur ; au nord : celui qui met en relation le poste d'Houagape sur la côte est, avec le poste de Gatope, sur la côte ouest. Ces trois sentiers qui traversent l'île dans toute sa largeur, à des distances à peu près égales, ont une importance considérable au point de vue stratégique et sont appelés à devenir plus tard de belles routes militaires.

C'est ici le lieu de mentionner les chemins parcourus et les itinéraires tracés par les explorateurs de notre colonie. Citons d'abord les voyages du commandant Chambeyron dans toute la partie sud, soit le long de la côte, soit à travers l'île en 1856, 62, 63 et 64 ; celui de M. Marchant en 1862-63, de Saint-Vincent à Canala, et de ce même point à Ouaraïl ; le trajet suivi par la colonne du commandant Saisset en 1859. Signalons les excursions de M. J. Garnier, qui, sauf pour la vallée de la Dumbéa, se sont presque toutes faites dans le nord de l'île en 1863-64 et nous ont donné des renseignements géologiques du plus haut intérêt. Enfin, remarquons les reconnaissances exécutées en 1863 64 et 65 par M. Banaré et le capitaine Bourgey, dans toute la largeur de l'île, à travers le pâté montagneux qui s'étend dans le nord-ouest de la colonie entre Houagape et Gatope. Leurs travaux ont fait de cette contrée, autrefois entièrement inexplorée, une des parties les plus connues de la Nouvelle-Calédonie. Une remarque semblable s'applique aux explorations faites pendant l'année 1867, par le commandant Sebert, dans tout le bassin de la baie du Sud.

Service postal et télégraphique. — Nous venons de voir par quelle voie les correspondances pouvaient s'échanger entre la colonie et les divers points du globe; le tarif de ces correspondances varie naturellement beaucoup, et sa longue nomenclature ne

4.

saurait entrer dans un ouvrage comme celui-ci. Bornons-nous à remarquer que le bureau de Nouméa n'avait reçu ou expédié, en 1862, que 10,844 lettres ou imprimés, tandis que ce nombre s'est élevé, en 1871, à 43,160. C'est là un chiffre important qui peut donner une idée de la rapidité avec laquelle notre colonie se développe.

Dans l'intérieur de l'île, un service de courriers par la voie de terre a été organisé pour le transport des dépêches publiques et privées. Tous les jeudis matin, le courrier part de Nouméa et s'arrête aux localités suivantes où sont établis des bureaux de poste : Pont-des-Français, Païta, Coétempoé, Bouloupari, Ouaraïl, Bouraïl, Canala et Oubatche. De Ouaraïl les dépêches sont dirigées sur Bouraïl et Canala, et de cette dernière localité sur Oubatche. Le voyage de retour s'opère aussi régulièrement et en passant par les mêmes localités ; les dépêches de Canala et de Bouraïl, apportées le jeudi à Ouaraïl en partent le lendemain pour Nouméa, où elles arrivent le lundi suivant vers les onze heures et demie du matin.

Aucun service régulier n'existant entre le chef-lieu et les îles Loyalty ou autres dépendances, en dehors du bateau qui fait mensuellement le tour de la colonie, toutes les occasions de mer, celles de l'État comme les autres, sont mises à profit pour l'envoi des dépêches. Elles sont reçues à Lifou à la résidence de Chepenché.

L'affranchissement est obligatoire pour les lettres et journaux circulant dans la colonie ou expédiés à destination de l'Australie. Il est de 25 centimes de bureau à bureau. Il n'y a de distribution qu'au chef-lieu ; partout ailleurs, les correspondances et journaux doivent être retirés aux bureaux par les destinataires eux-mêmes ou leurs fondés de pouvoirs.

Télégraphie. — La ligne télégraphique sous-marine anglo-australienne est ouverte depuis le 25 juin 1872. Elle met l'Australie en communication directe avec la Chine jusqu'à Shang-haï, le Japon, Java, les Indes, l'Europe, la Russie d'Asie, Tunis, Alger et les Etats-Unis d'Amérique. L'Amérique du Sud et le sud de l'Afrique, sont les seules parties du monde importantes qui restent en dehors du cercle des communications télégraphiques de l'Australie.

Le câble sous-marin, partant du village de Banjoewangie (pointe est de Java), est mis en communication à Port-Darwin (côte nord-ouest de l'Australie), avec la ligne de terre qui traverse tout le continent australien, et vient aboutir à Port-Augusta, près d'Adélaïde. De là, les dépêches sont transmises aux diverses colonies en relations avec l'Australie méridionale.

Une sorte d'association s'est formée entre les grands journaux australiens pour la réception et la publication, jour par jour, des télégrammes que lui envoie l'agence Reuter. Le prix d'une dépêche de France à Sidney est d'environ 240 francs pour vingt mots, y compris les noms et adresses.

Nous avons dit que la traversée de Nouméa à Sidney ne demandait pas plus de sept jours ; on peut donc recevoir aujourd'hui des nouvelles de la

Calédonie qui n'ont que huit ou dix jours de date.
Pour en avoir qui n'auraient que 24 heures, ou tout
au plus trois ou quatre jours, il faudrait relier Roc-
kampton (côte est de l'Australie), avec Gomen ou
Nouméa (côte ouest de la Calédonie). D'après
M. l'ingénieur Cardozo, dont le remarquable travail nous a fourni une bonne partie des détails que
nous donnons à nos lecteurs, le coût du mille marin de câble mis en place, étant de 300 livres ster-
ling ou 7,500 francs, la dépense résultant de l'achat
et de la mise en place du câble de Nouvelle-Calédonie serait d'environ 6 millions. Nous souhaitons
bien vivement qu'avant peu d'années, l'extension
rapide de la colonisation et du commerce, permette
à notre établissement de supporter cette dépense.

Pour le moment, on se contente d'établir les
lignes télégraphiques de la côte et de l'intérieur de
l'île ; elles vont maintenant jusqu'à Bouraïl.

CLIMAT

La salubrité du climat de la Nouvelle-Calédonie est devenue proverbiale ; elle est attribuée en partie à la formation montagneuse de la contrée ; en partie à l'orientation de l'île du S.-E. au N.-O. qui l'expose à l'action constante et bienfaisante des vents alizés du S.-E. Peut-être aussi convient-il de tenir compte, comme nous l'avons déjà indiqué en parlant du régime des eaux, de la perméabilité exceptionnelle du sol, qui s'oppose à la formation de ces marécages où s'accumulent et croupissent les détritus de toutes sortes, et qui deviennent ainsi avec les chaleurs des tropiques, de véritables foyers d'infection. Enfin, nous devons mentionner l'opinion de quelques auteurs qui pensent que l'extrême abondance des Niaoulis, arbres dont la feuille exhale une forte odeur aromatique, contribue à la salubrité de l'air.

Quoi qu'il en soit, il est certain qu'à latitude égale, on ne rencontre nulle part ni dans l'hémi-

sphère nord, ni dans l'hémisphère sud, un climat
aussi sain ; la chaleur y est forte, puisque la tem-
pérature moyenne se maintient entre 20 et 24 degrés,
mais elle y est très-supportable parce que son
maximum dans les mois les plus chauds, de
novembre à février, ne s'élève que rarement
au-dessus de 32 degrés. Il suffit de se rappeler
quelques-unes des observations faites en France,
pour constater, que nous voyons à Paris le ther-
momètre dépasser tous les ans ce chiffre de 6, 8
et même 10 degrés pendant les mois de juillet et
d'août. Une pareille chaleur n'a donc rien de bien
effrayant ; d'ailleurs elle n'est pas continuelle, il
s'en faut de beaucoup, puisque de mai à novembre
elle s'abaisse pendant le jour jusqu'à 16 et 18 degrés
et descend même quelquefois la nuit à 9 et 10.
Ajoutons qu'il est possible, en s'approchant ou en
s'éloignant des montagnes, et surtout en s'élevant
sur leurs flancs, de rencontrer presque toutes les
températures de l'Europe.

Les pluies, fréquentes pendant la saison de l'hivernage qui commence en janvier et finit en avril,
deviennent plus rares pendant la saison fraîche qui
dure du mois de mai au mois de décembre ; mais
elles ne cessent jamais complétement, et aucun
mois de l'année n'est privé de ces ondées bienfai-
santes auxquelles la végétation tropicale doit sa
puissance. D'ailleurs, dans les vallées, les rosées
sont toujours extrêmement abondantes, et rempla-
cent ainsi l'eau des pluies, lorsque celles-ci se font
attendre.

On le voit, il serait difficile de rencontrer de

meilleures conditions climatériques. L'échange con-
tinuel qui se fait entre l'atmosphère terrestre et
l'atmosphère marin, donne naissance à des brises
de terre et de mer qui soufflent alternativement, et
soumettent la Nouvelle-Calédonie à une ventilation
permanente. Aussi, tous les germes miasmatiques
sont-ils détruits ou chassés, et cette cause s'ajoute
à celles que nous avons énumérées plus haut pour
rendre les fièvres paludéennes fort rares, malgré
les nombreux étangs qu'un aménagement intelli-
gent des eaux fera promptement disparaître.

Si le voyageur qui arrive en rade de Nouméa
n'éprouve pas à la vue de notre colonie cet enivre-
ment des sens, que produit l'aspect de presque
toutes les terres intertropicales avec leur végétation luxuriante, leurs forêts d'arbres gigantesques,
leurs immenses prairies ; si le paysage lui paraît
au contraire sévère et un peu sauvage, il ne tarde
pas à être dédommagé par le bien-être dont il jouit
et la conservation de sa santé, si profondément et
si promptement altérée dans la plupart des autres
pays chauds. Ici, l'Européen ne rencontre aucun
animal dangereux et le climat est si salubre, qu'il
peut sans crainte vaquer aux mêmes occupations
qu'en son pays. Dans les nombreuses expéditions
dirigées contre les indigènes, nos soldats ont fait
de longues marches en plein soleil, traversé des
rivières plusieurs fois par jour, couché en rase
campagne pendant des mois entiers. On les a employés au percement des routes, aux travaux des
ports, au desséchement des marais, et malgré toutes
les fatigues du pionnier ou du soldat, on n'a jamais

signalé parmi eux ni dyssenteries épidémiques, ni
maladies de foie, ni fièvres rebelles, ni insolations,
ni coliques sèches, en un mot aucun des fléaux
habituels de nos autres colonies. La proportion des
malades dans les garnisons de l'île est extrêmement
faible, puisqu'elle n'a été que de 1.53 pour 100,
c'est-à-dire inférieure à celle des meilleures garnisons de France.

C'est là un fait des plus importants au point de
vue de la colonisation ; car personne n'ignore que
le défaut de bras est la cause première de la déca-
dence de nos colonies des Antilles et de l'océan
Indien. Il est certain que si l'Européen avait pu
être employé à la culture du sol, on n'aurait vu
naître ni la traite des noirs, ni l'esclavage qui en a
été la conséquence, et l'émancipation des nègres en
1848 n'aurait pas ruiné des établissements habitués
à se priver du concours de leurs bras. En Nouvelle-
Calédonie il y aura peut-être un avantage pécuniaire
à continuer dans la voie où l'on est entré depuis
plusieurs années, et qui consiste à faire venir des
Nouvelles-Hébrides des travailleurs vigoureux et
faciles à diriger, mais on peut parfaitement s'en
passer. Le Français qui ira s'établir dans le pays,
et qui voudra se suffire à lui-même, sait qu'il peut,
sans aucun danger, compter sur une journée de
dix heures de travail. Encore tenons-nous compte,
pour avancer ce fait, des habitudes adoptées par
l'administration pénitentiaire pour le travail des
condamnés. On a cru prudent, en effet, de suspen-
dre, pendant les grandes chaleurs, les travaux des
blancs dans les chantiers, de dix heures du matin à

une heure de l'après-midi. Mais, sur beaucoup d'habitations particulières, on ne se conforme pas à ce principe, et on n'a jamais eu d'accident grave à déplorer. Le travail peut commencer dès cinq heures du matin et ne se terminer qu'à six heures du soir.

Vents. — Pluies. — Ouragans. — Les vents alizés de S.-E. et d'E.-S.-E. règnent généralement en Nouvelle-Calédonie, et sont le plus souvent accompagnés de beau temps. Quand ces brises sont bien établies, elles se continuent quelquefois la nuit; mais ordinairement elles tombent le soir, et sont remplacées par des brises de terre. Toutefois, ces dernières ne sont fréquentes et régulières que sur la côte ouest; sur la côte est, qui est balayée jour et nuit par la brise du large, elles n'existent que dans les vallées de quelque importance : à Yaté, Ounia, Canala. Elles cessent vers huit heures du matin.

Le mauvais temps concorde généralement avec l'existence de vents variables du nord-est au nord-ouest, qui s'accompagnent presque toujours de grandes quantités de pluies. Ces dernières, abondantes et souvent torrentielles pendant l'hivernage, qui est la saison de la chaleur et dure de janvier à avril, tombent par intermittences de un à cinq jours, séparées par des intervalles plus ou moins longs de beau temps. La saison sèche ou fraîche, qui comprend tout le reste de l'année, n'est cependant pas privée d'eau, et compte encore assez de jours de pluie, pour que la terre, d'ailleurs rafraîchie par les rosées, n'ait jamais à souffrir de la sécheresse.

La hauteur du baromètre en Nouvelle-Calédonie
varie de 755 à 766 millimètres. Règle générale : le
mercure monte par les vents alizés d'E.-S.-E. ; il
baisse par les autres vents, surtout par celui de
l'ouest. A une dépression très-sensible dans la colonne mercurielle en décembre et janvier, succède
une élévation lente et progressive dans la première
partie de l'année ; c'est à partir de septembre que
l'abaissement se fait graduellement jusqu'en décembre.

Pendant tout l'hivernage, mais principalement
en janvier et février, on est exposé à des ouragans
qui, sans être aussi terribles que ceux des Antilles,
sévissent parfois avec violence. Ils sont précédés
par un temps couvert, incertain, une chaleur acca-
blante, et leur passage n'est indiqué quelquefois
que peu d'heures à l'avance, par la baisse du baromètre. Cependant, ils surviennent en général après
quelques jours de temps à grains, à rafales accom-
pagnées de pluies abondantes, avec un ciel unifor-
mément gris, ou traversé par plusieurs couches de
nuages cuivrés. Le baromètre se maintient pendant ce temps-là entre 749 et 750^{mm} pour descendre
parfois au moment de la tourmente jusqu'à 710^{mm}.
Le diamètre des ouragans est peu étendu, car ceux
qui traversent le milieu de l'île ne se font nulle-
ment sentir aux extrémités ; leur mouvement de
rotation s'effectue de droite à gauche, et leur mouvement de translation dans le sud, varie du S.-S.-O.
au S.-E. Toutes les parties de la colonie sont ex-
posées à ces phénomènes ; on prétend cependant
que l'île des Pins en a toujours été exempte.

Marées et Courants. — Les limites naturellement assez restreintes que comporte un ouvrage comme le nôtre, nous obligent à ne consacrer que quelques mots aux phénomènes des marées et des courants. Aussi, malgré l'importance d'un pareil sujet au point de vue de la navigation, devons-nous nous contenter des lignes suivantes que nous empruntons à l'*Annuaire de la Nouvelle-Calédonie* :

« La mer marne (1) environ de 0^m,80 dans les mortes-eaux et de 1^m,20 à 1^m,40 dans les pleines lunes. Il est à remarquer que le niveau moyen de l'équinoxe de septembre, est sensiblement plus élevé que celui de l'équinoxe de mars. En septembre et octobre, les ilots boisés de l'intérieur du récif sont parfois envahis par la mer, tandis qu'en mars et avril seulement, les plateaux de corail qui les entourent sont complétement à sec. Les hautes et basses mers d'avril, sont en moyenne de 0^m,04 plus basses que celles d'octobre.

« Dans l'intérieur du grand récif, les courants de marée sont assez réguliers, quoiqu'une forte brise accélère ou retarde quelquefois ceux des passes. Le flot porte au N.-O., le jusant au S.-E. Il arrive cependant parfois sur la côte est, avec les grands vents de S.-E., que le jusant ne se fait pas sentir, et que le courant porte constamment au N.-O. Sur les deux côtes, le jusant porte en dehors des passes, et le flot en dedans.

« Les courants du canal de la Havannah et du détroit Devarenne, qui se produisent à l'intérieur de

_____

(1) *Marner* : mot technique qui ne s'emploie qu'en parlant de la mer, et est à peu près synonyme de *se retirer*.

la chaîne des récifs, ne sont autre chose que des courants de marées, tantôt assez lents, tantôt très-rapides, suivant la hauteur de la mer et la direction du vent. Il n'en est pas de même du courant qui longe la côte est de la Nouvelle-Calédonie, en dehors du grand récif. Ce dernier, connu sous le nom de courant de Rossel, est une branche du grand courant équatorial du sud de l'océan Pacifique, qui descend jusque par 26 degrés environ. Le courant de Rossel porte du S.-E. au N.-O., et son influence se fait d'autant plus sentir qu'on est plus au large. Lorsqu'une forte brise de S.-E. règne depuis quelques jours, ce courant augmente sensiblement de vitesse, et tel bâtiment qui remonterait la côte en louvoyant dans l'intérieur du récif, ne pourra, au contraire, presque rien gagner au vent, s'il louvoie dans le canal compris entre la Calédonie et les Loyalty. »

GOUVERNEMENT ET ADMINISTRATION

La colonie est administrée par un gouverneur
assisté d'un conseil chargé de donner son avis sur
toutes les questions qui lui sont soumises. Ce conseil se compose des fonctionnaires, chefs de service,
et de deux habitants notables, qui ont voix délibé-
rative lorsqu'il s'agit d'affaires d'intérêt local. La
nécessité de conquérir le pays sur les indigènes,
l'obligation de maintenir par les armes les tribus
soumises, ont eu pour conséquence la création d'un
régime militaire indispensable à la sécurité de nos
premiers établissements. Au fur et à mesure que
s'est opérée la pacification de l'île, le commandement
militaire s'est effacé de plus en plus, et, dès 1860,
la Nouvelle-Calédonie, érigée en colonie distincte, a
pu avoir une administration civile se rapprochant
de celle qui fonctionne dans nos autres possessions.
Depuis cette époque, chaque année a amené un
nouveau progrès ; de nombreux arrêtés ont successivement établi es règles d'après lesquelles doivent

fonctionner toutes les branches des divers services. Sans doute, il y a encore beaucoup à faire, et la situation particulière créée par la présence de nos grands établissements pénitenciers, retardera peut-être le moment où il sera possible de diminuer l'influence prépondérante des fonctionnaires, pour accroître celle de la population civile. Mais, avant peu d'années, l'assimilation de la Calédonie à nos grandes colonies des Antilles et de la Réunion sera complète.

Troupes. — Aujourd'hui, les troupes qui composent la garnison comprennent des détachements d'infanterie et d'artillerie de marine, de la gendarmerie coloniale et un corps militaire de surveillants pour les établissements pénitentiaires.

Marine. — La station locale est organisée en division et placée sous les ordres du gouverneur, qui a également le titre de chef de la division navale. Cette division se compose d'un aviso, trois transports, deux canonnières et deux goëlettes. Il convient d'y ajouter la flottille pénitentiaire, qui comprend deux chaloupes à vapeur, un cotre à voiles et un certain nombre d'embarcations de toutes formes et de toutes grandeurs. On a fondé à Nouméa un arsenal, à la tête duquel se trouve un lieutenant de vaisseau, qui est en même temps directeur des ateliers de construction et de réparation pour le matériel de la flottille pénitentiaire.

Justice. — L'administration de la justice comprend un tribunal de première instance, un tribunal supérieur et un tribunal de commerce. Le premier se constitue en tribunal civil et en tribunal de police correctionnelle; dans les affaires civiles, les parties sont dispensées d'avoir recours au ministère des avoués et agréés. Le tribunal supérieur connaît de l'appel des jugements du tribunal de première instance et du tribunal correctionnel. Il statue directement, comme chambre d'accusation, sur les instructions en matière criminelle, correctionnelle et de police.

Le tribunal supérieur se constitue en tribunal criminel pour le jugement des affaires où le fait qui est l'objet de la poursuite est, aux termes du Code pénal, de nature à emporter une peine afflictive ou infamante. Lorsqu'il se constitue ainsi, il est complété par l'adjonction de membres assesseurs, choisis parmi les habitants notables. Les juges et les assesseurs prononcent en commun, sur les questions de fait résultant de l'acte d'accusation et des débats. Les juges statuent seuls : sur la question de compétence, sur l'application de la peine, sur les incidents de droit et de procédure, sur les dommages-intérêts. Tous les arrêts du tribunal supérieur rendus en matière civile ou commerciale peuvent être attaqués en cassation. En matière criminelle, les jugements rendus ne sont pas susceptibles de recours, sauf : 1° le droit du ministère public de dénoncer au gouverneur de la colonie les jugements et arrêts qui lui paraissent contraires à la loi; 2° le droit réservé au gouvernement et au procureur général près la Cour de cassation par les articles 441 et 442 du Code d'instruction criminelle.

Les fonctionnaires attachés aux tribunaux dont

nous venons de parler, sont : un président du tribunal supérieur, un juge de première instance, un lieutenant de juge, un greffier-notaire, un président et quatre juges pour le tribunal de commerce, et enfin le procureur de la République près les tribunaux supérieur et de première instance, qui est le chef de tout le service judiciaire.

Culte. — Ce sont des pères maristes qui ont été les premiers à entreprendre l'évangélisation des indigènes de la Nouvelle-Calédonie. Nous avons déjà donné le nom de ces courageux missionnaires en faisant l'histoire de la découverte et de la prise de possession de notre colonie ; l'un d'eux, le R. P. Rougeyron, est aujourd'hui provicaire apostolique, et comme tel, à la tête de la mission et du service du culte. Ce dernier comprend un personnel d'une trentaine de pères et de frères de la société de Marie, qui fournissent un curé et un vicaire à Nouméa, des desservants à Païta et à Saint-Louis, des aumôniers pour la garnison et les divers pénitenciers, et enfin des résidents à l'île Ouen, à Yaté, Houagape, Touo, Arama, Bondé, Art (îles Belep), Ouvéa et Lifou.

Le nombre des indigènes aujourd'hui baptisés est d'au moins 15,000. Nous n'avons pas parlé de leur religion dans le chapitre consacré à la population, parce que nous nous réservions d'en dire ici quelques mots. Les Néo-Calédoniens ont une idée vague d'un Dieu, unique créateur de toutes choses ; ils en parlent souvent sous le nom de *Neuengut*, ou âme du monde ; c'est elle qui gouverne l'univers et qui est la cause des phénomènes qu'ils ne peuvent expliquer. Mais cette divinité supérieure et primordiale a sous ses ordres une foule de génies, attachés à divers lieux et appliqués à diverses fonctions. Ainsi, il en est que l'on prie pour obtenir une pêche abondante, d'autres qui accordent le vent, la pluie ou le soleil. Ceux-ci résident dans les bois, ceux-là dans les cimetières. Tous ont leurs prêtres qui exploitent la crédulité du peuple, et vivent à ses dépens; ces prêtres, ou prieurs, se divisent en plusieurs classes, ayant chacune des attributions différentes. Les Calédoniens croient certainement à une vie future, mais ils n'ont pas d'idée bien arrêtée sur le sort qui attend les bons et les méchants; ils supposent que tous les hommes occuperont après leur mort la position qu'ils avaient sur la terre, les chefs restant chefs, les sujets restant sujets; mais ils pensent que, s'ils ont été bons, les uns et les autres seront plus heureux qu'ils ne le sont ici-bas, une partie de leur existence devant se passer à manger des bananes mûres et à se plonger dans les plaisirs des sens.

Service de santé. — Le service de santé, auquel l'administration de la marine donne tous ses soins, est bien organisé. Un médecin principal, chef du service, a sous ses ordres des médecins titulaires ou auxiliaires, qui sont chargés des infirmeries ou hôpitaux établis à Nouméa, à l'île Nou, dans la presqu'île Ducos, à l'île des Pins, à Canala, à Oubatche, Bouraïl et Ouaraïl.

Des pharmaciens, résidant à Nouméa, veillent à l'approvisionnement des postes en médicaments de

toute nature. Ce sont des sœurs de Saint-Joseph de
Cluny qui desservent les établissements hospita-
liers de la colonie.

Nous n'avons pas besoin de dire qu'une partie
des renseignements qui nous ont servi à juger la
salubrité de la Nouvelle-Calédonie nous ont été
fournis par les relevés officiels du service de santé,
dont les observations, d'une rigoureuse exactitude,
sont indispensables à consulter si l'on veut se faire
une idée bien nette de ce climat exceptionnel, si
doux et si clément pour les Européens.

Instruction publique. — Un arrêté du 22 novembre 1871 a réorganisé le service de l'instruction publique en Nouvelle-Calédonie. Le gouvernement reconnaît deux classes d'écoles : 1° les écoles
publiques entretenues par l'administration, et dans
lesquelles l'enseignement est donné gratuitement;
2° les écoles privées, fondées ou entretenues par
des particuliers ou des associations. La surveillance
des écoles est attribuée à une commission permanente, dite comité de surveillance et d'inspection
de l'instruction publique, qui se compose de quatre
fonctionnaires et de quatre notables. Ce comité
propose les mesures qui lui paraissent les plus
propres à rendre l'enseignement profitable et fé-
cond; il est aussi chargé de se prononcer sur la
suite à donner aux demandes d'autorisation d'ou-
vrir des écoles privées.

Il existe aujourd'hui dans la colonie, sans compter
les écoles des troupes de la marine, celles des pénitenciers et celles des missionnaires qui ne peuvent
catéchiser les indigènes sans les instruire, sept

établissements d'instruction primaire dont trois à Nouméa, un à Païta et un dans chacun des postes de Canala, Houagape et Lifou. L'école européenne des filles, à Nouméa, est tenue par des religieuses de l'ordre de Saint-Joseph de Cluny; c'est ce même ordre qui dessert non-seulement les hôpitaux, comme nous l'avons dit plus haut, mais encore l'orphelinat institué pour recevoir jusqu'à leur établissement, les jeunes filles de l'administration de l'assistance publique de Paris, envoyées de France dans la colonie. Enfin, les sœurs se chargent aussi des jeunes enfants, orphelins ou sans soutien, que l'administration confie à leur charité.

Quant à l'école de Païta, fondée par plusieurs colons de ce village qui se sont cotisés à cet effet, l'administration a contribué à sa création en fournissant le matériel, et en allouant à l'instituteur, dès 1864, un traitement annuel de 2,000 francs. La rétribution scolaire est de 3 francs par enfant.

Finances. — Le service des finances dans la colonie est assuré par un fonctionnaire qui porte le titre de trésorier-payeur. Les recettes locales sont encore bien minimes; elles se sont accrues cependant depuis quelques années, dans une proportion considérable qui est en rapport avec le développement si rapide de la colonisation. Elles n'étaient, en 1859, que de 27,172 francs; en 1863, de 76,260 francs; tandis qu'elles se sont élevées en 1872, à la somme de 510,600 francs.

Ce chiffre est encore bien modeste. Il est vrai qu'il ne fournit que des indications incomplètes pour juger la prospérité du pays; si l'on veut s'en faire une idée à peu près exacte, il est nécessaire de se reporter au chapitre suivant, dans lequel nous donnons sur le commerce, l'agriculture et l'industrie du pays, des renseignements aussi complets que possibles.

A côté du budget local, dont l'équilibre ne saurait être compromis, grâce à la subvention de la métropole, se trouve le budget général qui comprend les dépenses inscrites au budget de l'État pour le service de la Nouvelle-Calédonie, et celles qui sont affectées au service de la marine proprement dit. C'est dans cette catégorie qu'il faut ranger les frais du personnel administratif, la solde des troupes de la marine, leurs frais de passage, l'entretien de la station locale, etc. On comprend aisément que de pareilles dépenses, qui, dès 1865, dépassaient deux millions, atteignent aujourd'hui, surtout depuis que la Calédonie est devenue un lieu de transportation, un chiffre considérable et hors de toute proportion avec le produit des recettes locales. Faut-il conclure de ce fait, qui est commun à toutes nos possessions d'outre-mer, que les colonies sont inutiles ?... Nous ne chercherons pas à traiter ici une question qui demanderait à elle seule une étude approfondie et fort longue, nous nous bornerons à faire remarquer qu'en dehors de l'intérêt militaire qui oblige un grand pays comme le nôtre à avoir des stations navales dans toutes les mers du globe, il y a des intérêts d'un autre ordre dont il est indispensable de tenir compte, et qui ne trouveront à se satisfaire que si nous nous décidons enfin à rompre notre incroyable indifférence pour notre domaine colonial. C'est ce que nous avons déjà cherché à établir dans notre préface. D'ailleurs, notre livre ne se terminera pas sans que le lecteur ne demeure convaincu qu'avec ses immenses ressources, la Nouvelle-Calédonie ne tardera pas à être pour la France, même au point de vue matériel, une bonne et sérieuse acquisition.

TRANSPORTATION

La France, imitant ce que l'Angleterre a fait en Australie depuis 1787, s'est décidée à fonder, à l'aide de ses condamnés aux travaux forcés et à la réclusion, des colonies pénitentiaires à la Guyane et à la Nouvelle-Calédonie. C'est sur cette dernière que l'administration dirige aujourd'hui presque tout le courant de la transportation; les Arabes et les réclusionnaires d'origine asiatique et africaine sont seuls envoyés à la Guyane, où leurs faibles contingents ne suffisent pas à combler les vides causés par la libération, les évasions et les maladies. Aussi, outre le développement que l'on a donné aux établissements de notre colonie océanienne, a-t-on pu établir sur un grand nombre de points des camps ou ateliers de travailleurs, qui se transportent d'un lieu dans un autre, pour l'exécution des travaux publics.

Dans cette colonie, où le travail de l'Européen

est facile en raison du climat, l'objectif principal
de l'administration a été la colonisation par l'agriculture ; les pénitenciers sont constitués surtout en
vue de la création et de la multiplication des mé-
nages agricoles, et de la mise en concession des
terres. On a installé à Bouraïl une ferme pénitentiaire, dirigée par un agent de culture qui donne
des conseils aux transportés concessionnaires,
groupés autour de la ferme; celle-ci est alimentée,
comme main-d'œuvre, par des condamnés n'ayant
pas encore obtenu de concession.

Bouraïl contenant au moins une cinquantaine
d'enfants, on y a créé une école qui est obligatoire
pour les garçons de cinq à treize ans, et pour les filles
de cinq à douze ans. En cas d'inexactitude à suivre
les classes, la ration que l'administration délivre
pour les enfants est supprimée. Un instituteur venu
de France est chargé de la direction de cette école.
Il fait en outre, le soir, des cours d'adultes pour les
transportés ; il est facultatif à ceux-ci de se rendre
aux cours, mais le plus ou moins d'assiduité
est pris en considération pour les mises en concessions. Les filles sont initiées aux travaux d'aiguille
et aux soins du ménage, par la femme de l'instituteur. Le service des bibliothèques est bien organisé ; en 1870, il a été mis en lecture, tant à Bouraïl qu'à l'île Nou, par les soins des aumôniers,
plus de deux mille volumes.

Le département de la marine a tenté d'établir un
courant d'émigration de femmes des maisons
centrales de France vers la Nouvelle-Calédonie.
Jusqu'à présent, les condamnées ne paraissent pas

avoir répondu avec empressement à l'appel qui leur a été fait. Quelques-unes ont bien demandé à s'embarquer, mais leur nombre est bien loin d'être en rapport avec les besoins de la colonisation pénale. Heureusement les pénitenciers ont un autre moyen de se peupler : c'est que les familles des condamnés, restées en France, témoignent, au contraire, presque toutes un vif désir de rejoindre leur chef dans la colonie. Beaucoup d'entre elles adressent des demandes dans ce but, bien avant que le condamné ait quitté les prisons de France ; ces demandes se sont même étendues souvent aux parents collatéraux.

Le pénitencier de Canala, créé en 1865 pour recevoir les incorrigibles, s'est peu développé. Cependant, une quarantaine de transportés y sont employés aux travaux des routes, ainsi qu'à la construction et à l'entretien des bâtiments militaires. Les camps ou ateliers de travaux publics se multiplient, en s'éloignant de plus en plus du chef-lieu ; des détachements sont envoyés à Païta, à Pouébo, au Pont-des-Français, à la ferme modèle de Yahoué, etc. Mais celui de ces camps qui présente le plus d'importance, en raison de la nature des travaux dont il est chargé, est celui de la baie de Prony, fondé pour l'exploitation des bois de marine et de construction. Il occupe soixante transportés en permanence. La ferme domaniale d'Yahoué, qui, primitivement, servait de dépôt aux condamnés sur le point d'obtenir une concession, est devenue le dépôt des libérés non concession-naires. Ceux-ci sont employés comme ouvriers aux travaux agricoles de la ferme, moyennant une rétribution journalière.

Les transportés, mis comme travailleurs à la disposition des services publics et des habitants, sont choisis parmi les meilleurs sujets, ceux dont la bonne conduite offre des garanties sérieuses. Celui qui engage un transporté, reçoit de l'administration les vivres et l'habillement du condamné pendant tout le temps de l'engagement, et paye une redevance mensuelle de 20 francs, dont 8 pour l'État et 12 pour l'engagé.

Les tentatives d'évasion sont peu nombreuses; quant aux évasions consommées, la quantité en est insignifiante; en trois années, seize individus seulement ont disparu, et tout fait supposer qu'ils sont morts de misère et de fatigue avant de parvenir à s'échapper de l'île. Outre la surveillance à terre, une surveillance active s'exerce par mer sur le littoral, tant par les bâtiments spécialement affectés à ce service, que par ceux qui sillonnent journellement les abords de l'île pour les besoins de la colonie. En réalité, la situation d'isolement de la Nouvelle-Calédonie rend pour ainsi dire impossible toute réussite d'évasion. Nous dirons tout à l'heure pourquoi il n'en est pas ainsi pour les *déportés*, qu'il faut bien se garder de confondre avec *transportés* dont nous venons de parler; autant les évasions sont difficiles pour ceux-ci, autant au contraire elles sont faciles pour les premiers.

La transportation poursuit de tous côtés l'accomplissement de sa tâche, en préparant la place aux colons libres. Elle ouvre des routes dans la direction des points où doivent se former les premiers centres de population ; elle produit des matières premières ; elle fournit de la main-d'œuvre à prix très-réduit à ceux qui se livrent à la culture où à l'industrie, et jusqu'à présent, sa présence sur les différents points de la colonie n'a pas été une cause de trouble, ni même d'inquiétude, pour les habitants. L'expérience tentée par la France en transportant en Calédonie la hideuse population qui encombrait ses bagnes a donc pleinement réussi au point de vue matériel. En sera-t-il de même en ce qui a trait à l'amélioration morale des condamnés? Nous le désirons bien vivement, mais nous n'osons l'espérer, et ce qui se passe en Australie est bien fait pour décourager le philosophe.

Il est vrai que toutes ces colonies anglaises ont pris un développement prodigieux, et forment aujourd'hui des provinces riches et prospères ; mais, ce merveilleux résultat n'est aucunement dû aux convicts. Dans la pensée des fondateurs, les établissements de condamnés sur les côtes de l'Australie devaient être pour le repentir un asile, où le coupable purifié pouvait recouvrer son rang, et les droits perdus dans son ancienne patrie. Si quelques transportés ont pris dans le monde austral les vertus et les mœurs de la société, et sont devenus dignes d'y rentrer, le plus grand nombre a conservé ses habitudes criminelles et ses mauvais instincts sur un autre hémisphère. Heureusement pour l'Australie, sa population se compose, en immense majorité, de citoyens libres de la

Grande-Bretagne, travailleurs honnêtes et éner-
giques, qui sont venus s'établir sur ce continent
avec leurs familles, parce qu'ils y voyaient le
moyen de s'élever par le travail à la condition
de propriétaires. Bien plus, cette population de
colons volontaires a naguère forcé le gouvernement anglais à s'abstenir d'envoyer ses convicts
en Australie, et elle poursuit de son mépris et de sa
réprobation, même les descendants des premiers
transportés.

DÉPORTATION

Nous avons déjà dit, en décrivant les centres de population, ce qui a été fait pour l'installation des déportés soit à la presqu'île Ducos où sont internés les condamnés à la déportation dans une enceinte fortifiée, soit à l'île des Pins où résident ceux qui n'ont encouru que la peine de la déportation simple. Notre intention est donc de nous borner à signaler les résultats déjà obtenus par l'administration, et ceux qu'il est permis d'espérer.

Bien que la peine de la déportation soit inscrite au Code pénal depuis 1810, ce n'est qu'après l'insurrection de 18 mars 1871, que son application a pris des proportions considérables. La loi du 8 juin 1850 avait, il est vrai, désigné la vallée de Vaïthau aux îles Marquises comme lieu de déportation dans une enceinte fortifiée, et l'île de Nouka-Hiva comme lieu de déportation simple ; mais, cette dernière n'a jamais reçu que trois déportés, et on n'a envoyé personne à Vaïthau. Aussi, les constructions élevées aux îles Marquises étaient-elles depuis longtemps tombées en ruine, lorsque la loi du 23 mars 1872 leur substitua la Nouvelle-Calédonie comme lieu de déportation. Ce choix est certainement excellent : l'île, placée sous le 23ᵉ degré de latitude, presque aux antipodes, est moins chaude que nos autres colonies, toutes plus rapprochées de l'équateur, et l'expérience a démontré avec quelle facilité les Européens peuvent se livrer au travail, grâce à la salubrité du climat. De plus, l'éloignement rend le retour plus difficile, et les tentatives d'évasion moins fréquentes. La richesse du sol, les ressources qu'il faut fournir à l'industrie aussi bien qu'à l'agriculture, devaient donner au gouvernement l'espoir de provoquer avec succès la création d'entreprises privées, propres à alimenter toutes les variétés d'aptitudes qui se rencontrent parmi les condamnés. Il est, en effet, désirable, que ceux-ci s'attachent à ce sol que la loi substitue pour eux à celui de la mère-patrie, et que l'expiation de leur faute profite à leur réhabilitation morale, en même temps qu'à la prospérité de notre établissement colonial.

Pour rendre plus facile et moins dure l'application d'une loi pénale dont l'expérience n'avait pour ainsi dire pas encore été faite, le gouvernement n'a reculé devant aucun sacrifice. Les deux lois de 1872 et de 1873, accordèrent explicitement aux familles des condamnés la faculté de se rendre sur les lieux de déportation, réglèrent les conditions de leur transport aux frais de l'État, déterminèrent enfin leurs droits sur la propriété des concessions, en

cas d'indignité, d'évasion, ou de décès du déporté.
Un grand nombre de femmes chargées de famille,
ne tardèrent pas à solliciter leur envoi auprès de
leurs maris; le chiffre des demandes devint même
bientôt tellement élevé, qu'il fallut renoncer
à la pensée de suffire au transport de tout
ce monde, à l'aide du nombre de places restreint
dont on peut disposer pour les émigrants libres à
bord des bâtiments de l'État. D'un autre côté, le
nombre des enfants en bas-âge était relativement
considérable, et il était à craindre que ces enfants
ne pussent recevoir dans les conditions d'aménagement des navires de guerre, tous les soins
désirables. Il parut donc indispensable de recourir
à la marine du commerce. Un crédit spécial fut
ouvert, des traités passés dans ce but avec des
armateurs du Havre ; des médecins de la marine,
des aumôniers, des sœurs de Saint-Joseph de
Cluny, furent embarqués avec les familles des
déportés. Les conditions prévues par les règle-
ments n'ont même pas été exigées : en dehors du
passage gratuit sur les bâtiments du commerce ou
de l'État, les familles ont eu l'autorisation de se
rendre sans frais, par les voies ferrées, au port
d'embarquement. Chacune des femmes dont l'indi-
gence a été constatée, a reçu avant de quitter son
domicile un secours de 50 francs pour elle, et
de 25 francs pour chacun de ses enfants. Enfin,
des trousseaux ont été délivrés, au moment de leur
embarquement, aux familles qui en avaient besoin.
    Une si grande sollicitude n'a pas eu tous les
bons effets qu'on était en droit d'en attendre. Le

département de la marine a bien compris, que les mauvais instincts des membres dangereux contre lesquels la société a le douloureux devoir de sévir, ne peuvent être efficacement combattus que par la religion, la vie de famille, l'accession facile à la propriété et au travail; et l'administration s'est efforcée de mettre ces divers moyens à la portée des condamnés. Des concessions de terre ont été libéralement accordées; mais, le droit à la paresse, que semblent s'arroger les déportés, menace de rendre vains tous les efforts, tous les sacrifices. Comment concevoir, en effet, que dans un groupe de prisonniers oisifs, la discipline puisse être maintenue, et la dépravation empêchée?...

Hâtons-nous cependant d'ajouter qu'il y a des exceptions à cette sorte d'apathie. Ainsi, dès la fin de 1873, plus de 400 déportés avaient été autorisés à fixer leur résidence au chef-lieu; 56 travaillaient à Gomen pour le compte de la Société de la Nouvelle-Calédonie; 32 avaient trouvé des engagements dans le nord de l'île, aux mines du Diahot et de la Balade. Le travail est largement rémunéré dans la colonie : la journée moyenne des ouvriers d'art à Nouméa est de 10 à 15 francs par huit heures de travail. Un déporté cordonnier s'est associé à un bailleur de fonds anglais; il occupe 10 ouvriers et fait un profit net de plus de 50 francs par jour. Un ébéniste qui gagne 400 francs par mois à appelé son fils, et tous les deux font 750 francs de recettes mensuelles; un comptable a trouvé une situation de 400 francs par mois; un ouvrier voilier, secondé par un capitaine de Nouméa, a ouvert un atelier des plus occupés ; quelques-uns ont fondé une briqueterie, qui fabrique 18,000 briques par semaine à 100 et 120 francs le mille. Un médecin a la plus belle clientèle de la colonie ; le fils d'un tailleur, un enfant de 10 ans, gagne 100 francs par mois et la nourriture, seulement à faire des courses.

Le sort des condamnés est, on le voit, en grande partie dans leurs mains. Déportés simples, ils trouvent, soit comme ouvriers agricoles, soit comme ouvriers d'art, l'emploi de leurs aptitudes dans ce pays éloigné, où les bras font défaut. Les déportés à l'enceinte fortifiée peuvent, par leur bonne conduite, être proposés au chef de l'État pour une réduction dans le degré de la peine, devenir déportés simples à leur tour, et jouir des mêmes avantages. Les uns et les autres, en se rendant dignes de cette faveur, peuvent donc se soustraire à une communauté d'existence pénible, satisfaire à leurs besoins, et même arriver à l'aisance. Comment se fait-il que les condamnés soient si peu empressés de profiter de tous ces avantages ? Nous trouvons une première explication de ce fait dans cette circonstance, que plus des deux cinquièmes des déportés sont des repris de justice, ainsi que l'indique l'examen de leurs casiers judiciaires, qui n'ont pu cependant être reconstitués qu'en partie. Sur 3,324 condamnés arrivés en Nouvelle-Calédonie au 1er janvier 1874, 1,185 avaient subi 3,194 condamnations antérieures, soit une moyenne de trois par individu. Ces renseignements suffiraient à caractériser les tendances de toute une partie au moins de ce personnel.

L'administration a eu beau s'efforcer de séparer des autres ceux qui avaient le désir de bien faire, le niveau moral de toute cette agglomération n'en est pas moins déplorable.

Il y a une autre cause à cette oisiveté qui développe les mauvaises passions que le travail seul pourrait corriger, et cette cause, il faut bien le dire, est une lacune de la loi. Celle-ci, en effet, en spécifiant que les déportés doivent jouir, dans le périmètre des lieux de déportation, de toute la liberté compatible avec les mesures indispensables pour empêcher les évasions, ne leur impose pas expressément l'obligation du travail. Il est bien certain que le législateur n'a pu avoir un instant la pensée de créer, au profit d'une catégorie de criminels, le droit absolu de vivre sans travailler aux dépens de la société. Mais, si l'administration ne l'exige pas, quel motif pourrait donc obliger la grande majorité des déportés à surmonter leur répugnance au travail?... Ils sont vêtus et logés; le soleil de la Nouvelle-Calédonie rend le chauffage inutile; l'ordinaire, qui comprend la viande six fois par semaine, du pain de première qualité, est supérieur à celui de la plupart des ouvriers des villes de la métropole et à celui de tous les ouvriers des campagnes. On ne peut guère s'étonner que, dans ces conditions, le plus grand nombre des déportés, qu'encourage d'ailleurs un espoir constant d'amnistie, méprisent ceux qui oublient, disent-ils, leur dignité de condamnés politiques et s'abaissent au travail. Pour être juste, il convient d'ajouter que cette dignité, qu'ils ne veulent pas perdre en travaillant, ils l'oublient volontiers

6

dans des habitudes d'ivrognerie qui ne connaissent aucune limite; ce vice est celui contre lequel l'administration a eu tout d'abord le plus de peine à lutter. Il a fallu renvoyer à l'île des Pins, pour cause d'ivrognerie, une partie des déportés occupés aux mines du nord, à Gomen et à Ouaraïl; on a dû agir de même pour plusieurs de ceux qui résidaient à Nouméa, et, en six mois, dans cette dernière ville, la loi sur l'ivresse a été appliquée soixante-neuf fois.

La liberté relative qui, aux termes de la loi, doit être laissée aux déportés, n'est compatible avec les mesures indispensables pour empêcher les évasions, qu'à la condition que la nature même des lieux rende ces évasions impossibles. Cette condition se rencontre à l'île des Pins, qui est en dehors de toute route suivie, et qu'aucun navire ne peut approcher sans devenir suspect si son but n'est pas connu; aussi la surveillance des côtes y est-elle facilement exercée. Il n'en est pas de même de la presqu'île Ducos, qui forme un des côtés de la grande rade de Nouméa, c'est-à-dire du seul port ouvert de la Nouvelle-Calédonie. C'est là que passent et stationnent tous les navires qui viennent dans l'île; la distance du mouillage n'est pas telle, qu'au besoin un bon nageur ne puisse la franchir. Les communications sont forcément constantes : les femmes, pour leur travail, se rendent quelquefois à Nouméa; les entrepreneurs de la ville, les marchands, peuvent être admis à M'bi. Quelle que soit la surveillance de l'administration, il peut arriver qu'elle soit trompée. Si l'inconvénient n'existe pas pour le pénitencier de l'île Nou, qui est cependant encore plus rapproché de la ville, c'est que les forçats y sont réunis pour le coucher, pour le repas, tenus et surveillés, astreints à un règlement, à des heures, qui multiplient les appels et signalent toute absence. Ils n'ont ni femmes, ni liberté individuelle, ni cultures, ni rapports avec l'extérieur. C'est le régime de toutes les prisons. Celui que la loi a eu en vue pour les déportés est évidemment différent, mais ne peut certainement pas s'appliquer avec sécurité à la presqu'île Ducos. Cette dernière est mal choisie; des faits récents l'ont prouvé, et il est probable qu'elle sera remplacée comme lieu de déportation par une des nombreuses îles qui avoisinent la Grande-Terre.

Il n'est pas inutile de remarquer ici que le nombre des malades, parmi les déportés, n'a pas atteint 2 pour 100 de l'effectif moyen par jour, et que celui des décès correspond à une mortalité de 1,7 pour 100 par an. Aucun établissement pénitentiaire, en France, ne pourrait présenter des chiffres, nous ne dirons pas plus, mais aussi favorables.

En résumé, malgré la sagesse et l'intelligence des mesures adoptées par le département de la marine pour l'application de la loi du 23 mars 1872, la déportation n'a pas donné en Nouvelle-Calédonie les résultats qu'on en pouvait attendre au point de vue des intérêts de notre établissement colonial. Jusqu'à présent, les *transportés*, qui ne conservent aucune arrière-pensée de retour dans la mère-patrie, ont rendu des services bien plus réels, et ceux d'entre eux qui sont entrés dans la voie du bien, se sont véritablement attachés au sol. Peut-être en sera-t-il de même un jour pour les *déportés*, lorsqu'ils auront compris combien leur action colonisatrice peut être puissante s'ils veulent restituer à la société, au lieu de coupables dangereux, des citoyens laborieux et actifs.

AGRICULTURE, COMMERCE, INDUSTRIE

Situation générale. — Le voisinage de l'Australie, située à 300 lieues dans l'Ouest, et celui de la Nouvelle-Zélande, à une égale distance dans le sud, donnent à notre colonie océanienne une importance exceptionnelle. Grâce à sa latitude et à la nature de son sol, la Nouvelle-Calédonie peut fournir à Sidney, à Melbourne, à Port-Adélaïde, à Hobart-Town, à Auckland, à Wellington, le sucre, le riz, le café et les produits des tropiques que ces grands ports vont actuellement chercher, au moins en majeure partie à Maurice, à Manille, à Batavia, et jusque dans l'Inde, dont ils sont séparés par 1,000, 1,500 et 2,000 lieues. Pendant bien des années, nous trouverons là un placement assuré pour tous nos produits, sans avoir besoin de recourir à l'Europe. De leur côté, les colonies australes de la Grande-Bretagne ont une industrie avancée, des mines de fer et de charbon de terre en exploitation, qui fournissent à bon compte, à la Nouvelle-Calédonie, ce qu'elle ne peut produire elle-même.

Aussi, un commerce régulier existe-t-il entre ces différentes places. Leurs relations prennent chaque année plus de développement, c'est à elles que revient la plus grosse part, dans le mouvement d'affaires sans cesse croissant, que signalent les dernières statistiques commerciales de la colonie. En 1864, le total des importations et des exportations ne s'élevait qu'à 1,665,990 francs ; il dépasse aujourd'hui 10 millions. Sans doute, il convient de reconnaître que cet accroissement si rapide est dû surtout à l'importance des ressources de la Calédonie, à la douceur de son climat, à l'extrême fertilité de son sol, à l'admirable disposition de ses vallées et de ses montagnes à pentes douces, qui permettent d'obtenir les cultures les plus variées. Mais il faut convenir aussi, que le gouvernement français a secondé, et même provoqué ce mouvement de tout son pouvoir. L'arsenal des vieilles lois prohibitives qui, sous prétexte de protection, ont arrêté pendant si longtemps l'essor de nos colonies, a été laissé de côté ; une administration sage et éclairée, au lieu d'écraser la colonisation de charges trop lourdes, l'a, au contraire, activée et développée par de puissants encouragements.

Tous les ports de la colonie ont été déclarés ports francs ; à l'entrée comme à la sortie, il n'y a dans aucun d'eux, ni douane ni octroi ; les navires français et étrangers payent seulement un droit de pilotage et de phare. Les terres encore libres appartiennent à l'État, qui les vend à raison de 25 francs l'hectare, en dehors du périmètre de Nouméa; et ces terres sont exemptes pendant quatre ans à compter du jour de la vente ou de la concession, de l'impôt foncier qui est fixé à 1 pour cent sur la valeur des propriétés rurales, et à 2 pour cent sur celle des propriétés urbaines. Des concessions, variant entre quinze et soixante-quinze hectares, suivant le grade, sont accordées aux congédiés et aux retraités, qui s'établissent dans la colonie en quittant le service. Quant à l'immigrant, il reçoit, outre son passage gratuit, quatre mois de vivres à partir du jour de son arrivée ; de plus, le gouvernement a imaginé pour eux un système de location de terres, qui a été accepté avec beaucoup de faveur : c'est une location pour cinq ans, avec droit de préemption, c'est-à-dire promesse de vente, de lots d'une étendue moyenne de 10 hectares à raison de 1 fr. 50 par an et par hectare. Enfin, le département de la marine a encouragé la création à Nouméa d'une banque, dite Banque de la Nouvelle-Calédonie qui, en faisant naître le crédit, a rendu les plus grands services au commerce colonial, dont elle facilite les transactions.

Si l'on veut bien réfléchir que la Nouvelle-Calédonie possède quatre fois plus de terres, supérieures en qualité, que Maurice et la Réunion, dont le mouvement commercial dépasse pourtant 200 millions de francs, on se demande à quels merveilleux résultats il est permis de prétendre, dans une contrée où se trouvent réunis tous les éléments qui constituent les pays les plus prospères. Aussi, beaucoup de visages se sont déjà tournés vers cette colonie naissante, si remarquable par sa salubrité, son étendue, sa proximité des grands centres australiens, où le sol est à bas prix, et où la terre, vierge de toute culture, sourit aux entreprises du colon. A la date du 1ᵉʳ janvier 1873, la superficie des terrains distraits du domaine par concessions ou ventes, s'élevait déjà à 110,000 hectares, et il suffit de jeter les yeux sur l'énumération suivante, pourtant bien incomplète des ressources de la colonie, pour comprendre combien ce chiffre est appelé à s'accroître, dans un avenir peu éloigné.

Sucre. — Que la canne à sucre soit indigène en Nouvelle-Calédonie, ou qu'elle y ait été importée, comme le pensent quelques auteurs, il est certain qu'elle y réussit à merveille et donne de fort beaux produits. Ses variétés, aujourd'hui connues, sont fort nombreuses, et quelques-unes présentent des sujets très-remarquables par leurs dimensions et la quantité de principes sucrés qu'ils contiennent; il n'est pas rare d'en rencontrer qui mesurent 5 mètres de hauteur, sans la flèche, et 6 centimètres de diamètre. La canne produit, sans aucun engrais, 6, 8 et jusqu'à 10,000 kilogrammes de sucre par hectare; aussi, de vastes plantations se sont créées, de grands établissements ont été fondés pour l'exploitation de cette importante source de richesses. Il existe aujourd'hui, dans la colonie, six usines à sucre dont les moulins sont en pleine activité, et ce n'est certainement que le commencement d'une industrie destinée à prendre un développement considérable.

Café. — Le café a été acclimaté dans l'île par les premiers colons européens; il y vient parfaitement, et son rendement est aussi avantageux qu'à Java, toutes les fois que sa culture est entreprise dans des terrains inclinés, de telle sorte que l'eau ne séjourne pas à la racine de la plante. Quelques écoles malheureuses ont été faites à ce sujet, et il est bien prouvé aujourd'hui que le caféier meurt, au bout d'un temps plus ou moins long, quand il est planté dans les terrains argileux et en plaine, où l'eau n'a pas d'écoulement naturel. Il existe en ce moment de 100 à 150,000 caféiers environ dans la Nouvelle-Calédonie. On compte que chaque pied donne, en moyenne, 1 kilogramme de café par an, et que, sur cette quantité, le bénéfice net du colon est de 1 franc.

Coco. — Le cocotier réussit parfaitement en Nouvelle-Calédonie; il est répandu à profusion sur la côte est, qui est la plus humide, et sur la côte ouest au nord de Bouraïl; mais on le rencontre surtout en quantités considérables dans les îles voisines du nord des deux côtes. Chaque arbre donne, par an, 70 à 80 cocos, et en estimant à 200,000 environ le nombre de ceux qui existent dans la colonie, il serait possible de fabriquer avec eux plus de 1,000 tonnes d'huile, valant chacune, rendue à Bordeaux, 875 francs. Il s'en faut de beaucoup que ce chiffre soit aujourd'hui atteint, mais cela tient à ce que l'immense majorité des fruits se perd sans profit pour personne, et puis à ce que les procédés de fabrication employés sont tellement imparfaits, qu'on n'obtient des noix qu'une faible quantité d'une huile impure, bien moins dense que celle de Ceylan. Telle qu'elle est cependant, elle se vend encore sur le marché de Sidney dans les mêmes conditions

que les huiles des autres îles de l'Océanie, et vaut
à Londres 650 à 700 francs la tonne. Quelques personnes trouvent plus avantageux de ne fabriquer
que du cobra, c'est-à-dire le produit que l'on obtient en séchant et concassant les noix de coco.
Le cobra se vend très-bien à Sidney, de 80 à
90 francs la tonne, parce que les fabricants, qui
disposent en Europe d'outillages puissants et per-
fectionnés, extraient de ce produit brut un excès
d'huile qui compense, et au delà, l'excédant du fret.

Outre la fabrication de l'huile, la noix de coco
fournit encore, par sa fibre, une matière première
capable d'alimenter une industrie importante. Cette
fibre, grossièrement tressée à la machine à Sidney,
vaut 300 à 350 francs, et à Bordeaux 500 à 800 francs
les 1,000 kilogrammes. Une centaine de tonnes, au
moins, pourrait dès maintenant en être fabriquée
chaque année.

Coton. — Le coton cultivé en Nouvelle-Calédonie
donne de très-beaux résultats; il y en a plusieurs
variétés, dont une, à reflets bleuâtres, paraît être
indigène, puisque les missionnaires l'ont signalée
dès leur arrivée dans l'île. Le principal essai de
grande culture est dû à M. Gilliès, installé dans la
plaine de Bouloupari, qui récolte plusieurs tonnes
de coton, et possède une machine à égrener et une
presse à comprimer les balles. Quelques essais
avaient été tentés dans le nord de la côte ouest,
dans le voisinage de Témala; ces plantations ayant
été abandonnées depuis, le coton, privé de culture,
a continué de se développer et ne paraît pas être
près de périr.

Un hectare de coton longue soie a produit 1,460 kilogrammes de coton brut, 267 kilogrammes de coton net, et un rendement en argent de 2,136 francs. Une culture de coton jumelle a donné, à l'hectare, 1,676 kilogrammes de coton brut, 375 kilogrammes de coton net, et un rendement en argent de 937 francs.

C'est surtout aux Loyalty que le coton promet des rendements avantageux ; la culture en est faite par les indigènes qui vendent le produit en partie nettoyé. Si imparfait que soit ce nettoyage, qui le laisse presque brut, on le leur paie un franc le kilogramme, et les marchands de Nouméa l'achètent à 1 fr. 50, rendu au chef-lieu. La production de Lifou est aujourd'hui d'environ 60 tonnes ; mais, sans nul doute, elle pourrait être notablement accrue, et une grande économie serait facilement réalisée sur le prix de revient, si l'on introduisait dans l'île quelques presses à comprimer.

Tabac et indigo. — Les Néo-Calédoniens se livrent, dans presque toutes les localités, à la culture du tabac ; les tabacs indigènes, convenablement préparés, sont de bonne qualité, et peuvent rivaliser avec ceux de la Réunion. Depuis qu'ils trouvent à écouler avantageusement leurs produits, les naturels ont donné de l'extension à cette culture. Un hectare de terrain peut contenir 10,000 pieds de tabac, et rendre 750 kilogrammes. C'est là, pour le petit cultivateur, une source de revenus faciles à obtenir.

Quelques colons de la Ouengui ont fait des essais de culture de tabac et d'indigo ; ces deux plantes ont réussi à merveille ; mais, pour en tirer parti dans la grande culture, il faut connaître les préparations industrielles sans lesquelles ces produits ne peuvent être présentés avantageusement sur les marchés de l'Europe.

Noix de Bancoul, graines de ricin. — Les graines oléagineuses ne manquent pas en Nouvelle-Calédonie, et nous venons de voir que les cocotiers fournissent une huile très-recherchée pour la fabrication des savons. Les euphorbiacées sont nombreuses, mais c'est particulièrement aux graines de ricin et aux noix de Bancoul que l'industrie peut demander une source féconde d'huiles d'excellente qualité.

La noix de Bancoul surtout, très-riche en principes gras, et bien préférable à l'huile de coco pour l'éclairage, paraît avoir attiré l'attention des colons. L'un d'eux, M. Lacroix, le créateur de Bouraïl, s'occupe de fonder un établissement qui fera de l'extraction de l'huile de Bancoul une industrie considérable.

Igname. — Les Néo-Calédoniens apportent un soin tout particulier à la culture des différentes espèces d'ignames qui ont pour eux autant d'importance que le blé en a pour nous, les tubercules de cette plante formant la base de leur nourriture. Ces tubercules atteignent quelquefois des dimensions énormes, et il n'est pas rare d'en rencontrer qui ont un mètre de longueur, et pèsent de 8 à 10 kilogrammes.

Taro. — Le taro occupe le second rang dans les cultures des indigènes. Sous cette dénomination de

taro, on désigne généralement les rizhomes fécu-
lents et alimentaires, d'un certain nombre d'aroïdées.
Le taro, qui vient très-bien dans les terres basses
et humides, ou sur le flanc des montagnes, facilement arrosables, est inférieur à l'igname comme
rendement, mais il lui est supérieur par ses qualités
nutritives.

Patate douce. — La patate douce a été longtemps
dédaignée par les Néo-Calédoniens à cause de son
origine étrangère ; mais sa culture facile, l'abondance et la bonté de ses produits, ont fait tomber
toutes les préventions, et aujourd'hui ses tubercules entrent pour une part notable dans la nourriture des indigènes. Elle fournit aux Européens
des feuilles comestibles dont le goût rappelle celui
des épinards, et aux femmes indigènes un suc lai-
teux, dont elles se servent pour se tatouer.

Banane. — Les indigènes consomment une grande
quantité de bananes, soit crues, soit cuites ; depuis
l'occupation française, le nombre des espèces cultivées s'est accru, et aujourd'hui les bananiers, avec
un grand nombre d'arbres fruitiers des tropiques,
donnent des produits fort appréciés, soit par les
indigènes, soit par la population blanche.

Céréales, *etc.* — Diverses variétés de céréales, de
plantes légumineuses et fourragères d'Europe, ont
été introduites dans l'île et s'y sont acclimatées sans
effort, surtout le riz et le maïs. A la ferme modèle,
dans les jardins des pénitenciers et des postes militaires, dans les établissements des missions, on
cultive des légumes d'Europe, ainsi que les arbres,

les arbustes et les plantes dont l'acclimatation a été reconnue utile à la colonie.

La vigne fournit par année une double récolte de raisins en janvier et en août. La douceur du climat et la verdure perpétuelle du mûrier, permettent, comme en Cochinchine, de se livrer toute l'année à l'éducation des vers à soie.

Bois, forêts. — Les richesses forestières de la Nouvelle-Calédonie sont considérables ; on y trouve une grande variété de bois d'excellente qualité, et, en 1872, le nombre des essences exploitables recueillies était de 80. Toutefois, les arbres de très-grandes dimensions sont rares, surtout dans les districts peuplés, et leur position sur les hautes montagnes en rend l'exploitation difficile.

Citons parmi les bois indigènes les plus répandus: le Kaori, exploité surtout dans la baie du sud, et qui vaut 65 francs environ le mètre cube ; le chêne gommier, qui se trouve dans le commerce à 110 francs ; le Messup de Lifou, qui se conserve parfaitement dans l'eau ; le Tamanou, qui offre un grain assez fin, dont la couleur varie du gris foncé au rouge acajou, et qui se vend de 140 à 150 francs; enfin, le Niaouli, bois blanc très-résistant, facile à travailler, et qui vaut 100 francs le mètre cube.

Ce dernier est l'arbre le plus commun de la Nouvelle-Calédonie ; son tronc est blanc, couvert d'une écorce à fibre très-douce qui est employée depuis longtemps par les indigènes pour couvrir leurs habitations, et que les papetiers pourront peut-être utiliser ; sa feuille a donné une huile essentielle présentée déjà à l'exposition des colonies.

Quant à son bois, qui ne le cède à aucun autre comme force, élasticité, et puissance de durée, on en a tiré un excellent parti pour certains ouvrages de sculpture et d'ébénisterie, et surtout pour les constructions navales. C'est en effet le Niaouli qui fournit les bois courbes dont on se sert pour les navires et embarcations, qui sortent des chantiers de la colonie. Cet arbre se rencontre dans tous les terrains; mais c'est généralement dans les bas-fonds humides qu'il atteint son plus grand développement en hauteur et en grosseur. Dans les terrains secs, il se tord et se contourne, et se couvre de nœuds énormes qui ressemblent à des maladies de l'arbre ; néanmoins, il présente une force de vitalité telle, que l'on n'arrive pas à le détruire en l'arrachant du sol, les radicelles suffisant pour le faire repousser.

Nous avons déjà vu que quelques auteurs attribuent, en partie, la salubrité de la colonie, à l'extrême abondance des Niaoulis, dont la feuille exhale une forte odeur aromatique. Nous devons ajouter ici, que cet arbre providentiel paraît être un des agents fertilisateurs de la Nouvelle-Calédonie. Traversant de ses fortes racines les bancs de terre dure de la surface, il contribue à déliter par l'action de l'eau vive dont il facilite la pénétration, les couches schisteuses sous-jacentes, et les transforme en argiles qui s'améliorent peu à peu, par la végétation et l'action combinées de l'eau et de l'air.

Les exploitations de bois indigènes sont peu nombreuses. Il existe cependant, outre les grands chantiers de l'État dans la baie du Sud, une scierie

mue par une roue hydraulique à Saint-Louis, et
une scierie à vapeur appartenant à M. Duboisé sur
sa propriété de Nemba. M. Lacroix est concession-
naire à Bouraïl d'un terrain boisé d'une grande
valeur, à cause de la variété et de la qualité des
essences. Il y a là des acacias et des' gaïacs, précieux pour leurs courbes naturelles, des bois de
fer, divers bois jaunes, comme le citronnier, le
houppier, d'un beau grain et très-pesants.

D'autres points, sur la côte est, offrent des bois
d'une grande valeur, renfermant des essences
remarquables par la finesse du grain, et la variété
du dessin des fibres; mais l'exploitation n'en est
pas encore commencée. Il existe des forêts considérables, d'une part, dans le voisinage de Canala,
puis, au nord de la petite baie de Baïes, non loin
de Touo.

Le bois de sandal était autrefois très-commun
dans l'île et aux Loyalty; malheureusement, depuis
l'exploitation abusive qui en a été faite par les capi-
taines anglais et américains avant notre prise de
possession, il se trouve réduit à de faibles taillis,
et il s'écoulera longtemps avant que nous ayons pu
opérer le reboisement des collines qui en étaient
couvertes. Il en est de même du bois de rose. Cette
essence précieuse, si estimée en Orient et en Europe, et qui était jadis très-abondante sur les plages
de sable de corail, tend à disparaître. Toutefois, le
reboisement sera plus facile avec elle qu'avec le
sandal.

Bestiaux. — Les vallées et les coteaux de la colonie
renferment des pâturages excellents pour la nourri-

ture du bétail. Les bœufs, les moutons, les chevaux et les ânes prospèrent à merveille dans le pays. Les lanes provenant des troupeaux des missionnaires ont été envoyées à diverses expositions, et on les a estimées égales aux types les plus purs de l'Australie. Outre le porc, qui constitue la base de la nourriture des indigènes, nos colons ont acclimaté sur leurs terres, avec une extrême facilité, tous nos volatiles de basse-cour, tels que poules, canards, oies, dindes et pintades.

Mines. — Les richesses minérales de la Nouvelle-Calédonie, ne sont encore qu'imparfaitement connues ; les travaux géologiques, exécutés jusqu'à ce jour, permettent cependant d'affirmer que le sol de la colonie offre des ressources, dont l'industrie pourra tirer un grand profit.

La pierre à bâtir se trouve partout, ainsi que le spath ; les coraux, qui forment la ceinture madréporique dont l'île est entourée, donnent une chaux excellente, et il existe plusieurs chaufourneries qui l'utilisent.

Quant aux gisements métallifères, ils sont extrêmement nombreux, et il y a peu de contrées qui offrent autant d'avenir à la métallurgie. De tous les métaux, le fer est le plus abondamment répandu ; on le rencontre communément à l'état de carbonate et d'oxyde hydraté, parfois aussi en poudre noire fine, qui est de l'oxyde magnétique ; une autre forme assez remarquable du minerai de fer, est la forme granulée, sous laquelle il ressemble à du plomb de chasse.

Fer chromé. — Parmi les métaux que l'on rencontre associés au fer, le chrome a une valeur industrielle bien définie, car le chromate et le bichromate de potasse sont employés en teinture, et le chromate de plomb sert comme substance colorante. Le fer chromé existe en Nouvelle-Calédonie en gisements nombreux, dont la richesse en chrome est d'environ 47 0/0, ce qui représente, sur le marché de Londres, une valeur de 145 à 150 francs par tonne. A Paris ce minerai se vend, dans le commerce de détail, de 1 fr. à 1 fr. 20 c. le kilog.

Minerais de cuivre. — On rencontre des affleurements de minerais de cuivre dans presque toutes les parties de la colonie; des amas de carbonate de cuivre ont été trouvés dans les petites îles de la baie Saint-Vincent, dans le bassin du Diahot et dans la rivière d'Oubatche. Nous avons déjà signalé la mine de la Balade qui est en pleine exploitation.

Charbon. — Le charbon existe en Nouvelle-Calédonie, mais les recherches qui avaient été, dans le principe, poussées avec une certaine activité, sont maintenant à peu près abandonnées. Plusieurs poches ont été rencontrées, soit au mont d'Or, soit dans les environs de Nouméa, mais les travaux d'extraction n'ont jamais été entrepris avec l'outillage et le capital nécessaires pour suivre un filon jusqu'à la profondeur où il y a chance de rencontrer la matière solide, non délitée par les eaux de la surface. Du reste, il n'y a pas lieu, dans l'état actuel de la colonie, de s'occuper de l'exploitation de la houille. Le charbon vaut aujourd'hui 10 francs la tonne à Newcastle, en Australie, et il arrive en 10 à 15 jours en Calédonie par navires à voiles ; aussi le prix de

la houille à Nouméa est-il seulement de 30 à 40 fr.
par tonne, et ce prix lui-même baissera, aussitôt
que la colonie produira assez d'objets d'exportation
pour assurer le fret de retour des navires qui lui
apportent du charbon.

Terrains aurifères. — Découverte de l'or et du nickel.
— De toutes les recherches faites jusqu'à présent,
la plus importante, et celle qui paraît appelée à
donner les meilleurs résultats, est la recherche de
l'or. Grâce aux rapports des prospecteurs de Nouvelle-Calédonie, les géologues d'Australie ont pu
établir la correspondance dù soulèvement calédonien avec celui du grand continent voisin et de la
Nouvelle-Zélande, et une analogie complète entre
les terrains aurifères des trois contrées. L'or a été
rencontré déjà dans plusieurs parties très-opposées
de l'île, notamment au village kanaque de Moindine, dans la vallée du Diahot. Jusqu'ici, les résultats obtenus ne sont pas ce qu'avaient fait espérer
les premiers mois d'exploitation ; mais les
recherches se poursuivent avec activité, et
tout porte à croire que les mines d'or seront
une des sources de prospérité les plus solides
de notre colonie.

L'importance de la découverte de l'or n'a pas besoin d'être démontrée. L'attrait du précieux métal
a, en effet, partout groupé, presque soudainement,
une population considérable ; les déserts de la Californie, de l'Australie et de la Nouvelle-Zélande,
sont devenus, en quelques mois, des provinces po-
puleuses, lorsqu'on y a trouvé des filons aurifères.
San-Francisco et Melbourne, deux des plus vastes

entrepôts du monde, datent seulement de 1847 et de 1862. Leur formation est due uniquement à l'or découvert dans les environs ; il est vrai qu'aujourd'hui leur prospérité tient à des causes plus durables. L'agriculteur a pris place à côté et à la suite du mineur. Que les mines de la Californie et de l'Australie s'épuisent, San-Francisco n'en sera pas moins la tête du grand chemin de fer qui relie l'Europe à la Chine, et l'un des principaux pays de production du blé ; Melbourne sera toujours l'entrepôt général du monde austral et le grand marché de la laine. Donc, que les mines de la Calédonie produisent de l'or seulement pendant deux ou trois ans, et notre colonie sera en mesure d'envoyer dans toutes les parties du monde ses produits agricoles; car, après le mineur, nous sommes certains de voir venir le planteur.

Le nickel, dont les applications industrielles deviennent tous les jours plus nombreuses, est aussi très-abondant dans l'île, et constitue dès aujourd'hui une source importante de revenus.

Industrie des indigènes. — Produits des eaux. — Les industries des Néo-Calédoniens sont peu nombreuses : la pêche, la fabrication des filets, des frondes, de quelques armes en bois et en pierre, d'étoffes et de poteries grossières, telles sont à peu près leurs seules industries.

La pêche se fait au moyen d'hameçons, de lances bifurquées ou simples, et quelquefois d'arcs. Les femmes ont la spécialité de la pêche sur le rivage et sur les récifs à marée basse. La pêche en pirogue, en dedans de la ceinture de récifs de l'île, est réservée aux hommes.

Les pirogues consistent en un tronc d'arbre creusé et effilé à ses deux extrémités, de 4 à 7 mètres de longueur, et muni d'un balancier qui maintient l'équilibre de la fragile nacelle; c'est une espèce de châssis formé de deux perches liées par une de leurs extrémités à l'un des bordages, et unies par l'autre extrémité à un flotteur longitudinal. Les plus grandes pirogues sont doubles, c'est-à-dire que deux nacelles sont accouplées et maintenues par des traverses, à une distance de 50 centimètres à 1 mètre. Il y a des pirogues pontées d'un bout à l'autre et munies d'un ou deux mâts, avec voile triangulaire en natte de joncs.

Huile de baleine. — La baleine proprement dite, et plusieurs espèces de cachalots, se rencontrent dans les parages de la Nouvelle-Calédonie et des Loyalty, où un certain nombre de voiliers, la plupart américains ou anglais, viennent les pêcher : au dire de quelques colons, il n'y aurait pas eu moins de 20 baleines prises pendant la seule année 1868. Ces navires, qui passent aujourd'hui à Nouméa sans s'arrêter, auront intérêt à toucher dans notre colonie, dès qu'ils y trouveront un entrepôt où ils puissent laisser leurs produits, des magasins bien approvisionnés, enfin un stock de marchandises françaises qu'ils aient avantage à répandre dans les îles d'Océanie, sur les côtes d'Amérique, depuis Lima jusqu'à San-Francisco.

Coquillages à nacre. — On trouve en abondance sur les récifs d'énormes nautiles dont les cloisons nacrées sont un objet de commerce très-recherché, non-seulement dans quelques îles de l'Océanie, mais encore à Sidney, où ces coquillages se vendent d'une façon courante 250 francs par tonne, pour faire de la nacre. Il y aurait peut-être intérêt à les expédier directement de la Nouvelle-Calédonie en France.

Les huîtres à nacre et les huîtres perlières que l'on rencontre dans les eaux de l'île, sont généralement de petite dimension et assez rares. Il est vrai de dire qu'aucune recherche sérieuse n'a été faite pour trouver de véritables bancs de ces produits dont le commerce exporte annuellement pour 600,000 francs des îles Gambier.

Tortues. — On ne connaît dans le commerce néo-calédonien que deux espèces de tortues; les indigènes les pêchent pour les vendre aux Européens qui en utilisent la chair et l'écaille. Ces deux espèces portent en anglais le nom de *ox bill turtle* et *green turtle*. La première, qui est la plus estimée pour son écaille, se vend en moyenne 15 francs la livre anglaise; la deuxième ne vaut que 10 francs, bien qu'elle soit recherchée comme aliment.

Holoturies. — Un autre produit marin, fort curieux, constitue une branche importante de commerce en Nouvelle-Calédonie. C'est une holoturie particulière, connue sous le nom de biche de mer ou trépang, qui se trouve en grande abondance dans les baies peu profondes où on peut la ramasser à la marée basse. On évalue à 100,000 francs par an, au moins, le chiffre des exportations. Elles se sont faites pendant longtemps sur une île voisine, Erromango, qui servait d'entrepôt général, et où les navires allaient charger le sandal et le trépang qu'ils portaient à Shang-haï ou à Hong-kong. Les négociants calédoniens préfèrent maintenant charger pour Sidney, et la biche de mer leur sert comme fret de retour pour les navires qui leur apportent des marchandises.

L'*holoturia edules*, qui est celle dont nous venons de parler, présente un assez grand nombre de variétés, dont la valeur, en Nouvelle-Calédonie, varie de 300 à 750 francs le tonneau. Leur préparation est très-simple : on les fend de la tête à l'anus, et on les dessèche dans de vastes hangars, sur trois étages de claies disposées au-dessus d'un bon feu. Le trépang étant très-hygrométrique, il est indispensable de ne l'embarquer que très-sec, sans quoi son altération est extrêmement rapide, et se communique facilement à toute une cargaison.

Les peuples de l'Asie orientale recherchent avec passion cette espèce d'holoturie, à laquelle ils attribuent des propriétés aphrodisiaques ; la première qualité se vend en Chine, jusqu'à 2,250 et 2,500 francs le tonneau.

Nous arrêtons ici l'énumération des ressources si variées de notre grande colonie australe ; nous ne saurions nous étendre davantage sur un pareil sujet, sans dépasser les limites que nous nous sommes imposées. Mais ce que nous avons dit suffit, du moins nous l'espérons, pour prouver à nos lecteurs que le jour n'est pas éloigné où la Nouvelle-Calédonie verra les hommes et les capitaux arriver en grand nombre d'Australie, de la Réunion, de Maurice et de France.

Alors elle deviendra, en peu d'années, une de nos plus belles et de nos plus riches colonies. Non-seulement elle cessera d'être une charge pour la métropole ; non-seulement elle payera toutes ses dépenses, mais elle fournira à notre commerce, à notre marine, à notre industrie un important aliment d'affaires.

Elle offrira un avenir assuré aux nombreux jeunes gens qui trouvent au sortir des écoles les voies encombrées, se découragent et perdent, sans profit pour personne, des connaissances réelles et une précieuse énergie. La puissance de notre pays s'en accroîtra, et, là encore, on verra ce que savent faire ceux qui ont fondé la Louisiane et le Canada, ce que peut le génie colonisateur des Français.

NOTE DE L'AUTEUR

Pour ne pas surcharger les pages de notre récit, ni distraire l'attention du lecteur, nous avons autant que possible évité les renvois, nous réservant de citer, à la fin du volume, les sources où nous puisions nos renseignements. La plupart de ces derniers sont inédits, et proviennent de l'inépuisable mine, si gracieusement mise à notre disposition par M. André Marchand, aujourd'hui directeur de la banque de la Nouvelle-Calédonie; quelques autres sont pris dans le remarquable rapport de M. l'ingénieur Cardozo, adressé aux administrateurs de la même Société; d'autres, enfin, nous ont été fournis par M. Lacroix, un des hommes qui ont le plus fait pour l'avenir de notre colonie.

Nous avons mis largement à contribution les notices publiées par la *Revue maritime et colo-*

niale du mois d'octobre 1864, et des mois de février et de mars 1866, l'ouvrage de M. J. Garnier, ceux de M. Braine et du docteur de Rochas, les cartes de M. Bouquet de la Grye, les rapports officiels du département de la marine sur la transportation et la déportation, le *Voyage autour du Monde*, du marquis Ludovic de Beauvoir, la notice de MM. Vieillard et Deplanche, celle du commandant Sebert sur les bois de la Nouvelle-Calédonie, et enfin la note du commandant Chambeyron, publiée par le *Bulletin de la Société de géographie* du mois de juin 1875. Non-seulement nous avons emprunté à ces diverses publications de curieux documents et des faits matériels, mais encore, dans bien des cas, nous avons respecté leur texte qu'il nous eut été impossible de remplacer. L'ouvrage que nous publions aujourd'hui, est donc le résumé de tout ce qui a été écrit de plus complet et de plus récent, sur la Nouvelle-Calédonie. Dieu veuille que notre manière de présenter ce résumé soit goûtée du public, et que nous puissions ainsi, comme nous le disons dans notre préface, contribuer à répandre le goût de l'émigration, en faisant connaître à nos compatriotes une des plus belles provinces de la France d'outre-mer !

FAURE-BIGUET.

NOUVELLE CALÉDONIE

NOUVELLE CALÉDONIE PARTIE NORD

Gravé par Marboutin, r. du Dragon 30

LASSAILLY FRÈRES

Imp. Lhéreux, Paris

PRESQU'ILE DUCOS Nelle CALÉDONIE

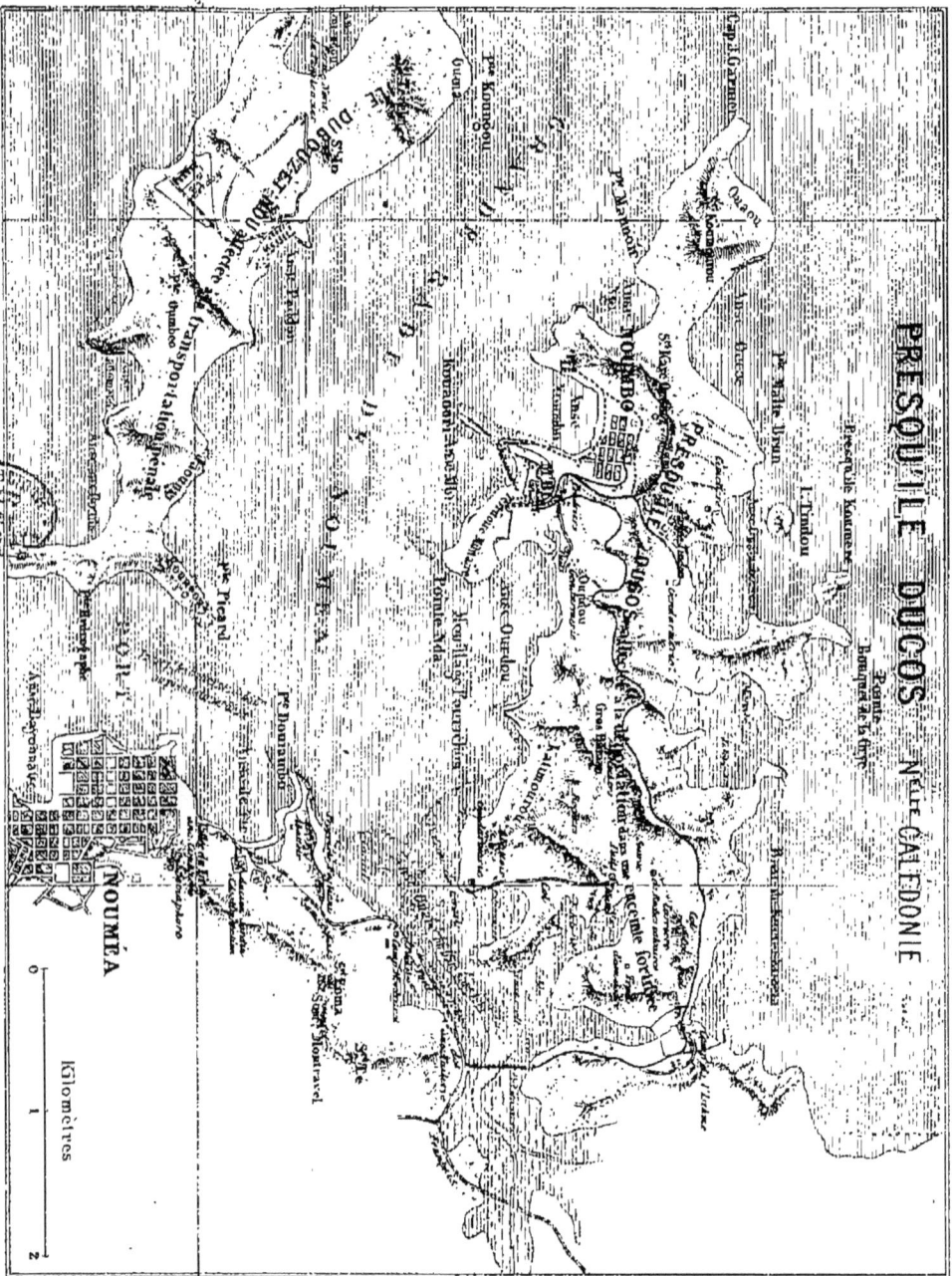

NOUMÉA

PRESQU'ILE DUCOS-MONCELON

Kilomètres
0   1   2

Gravé par Marboulm, r. du Dragon 40

LASSAILLY FRÈRES

Imp. Dufrenoy, Paris

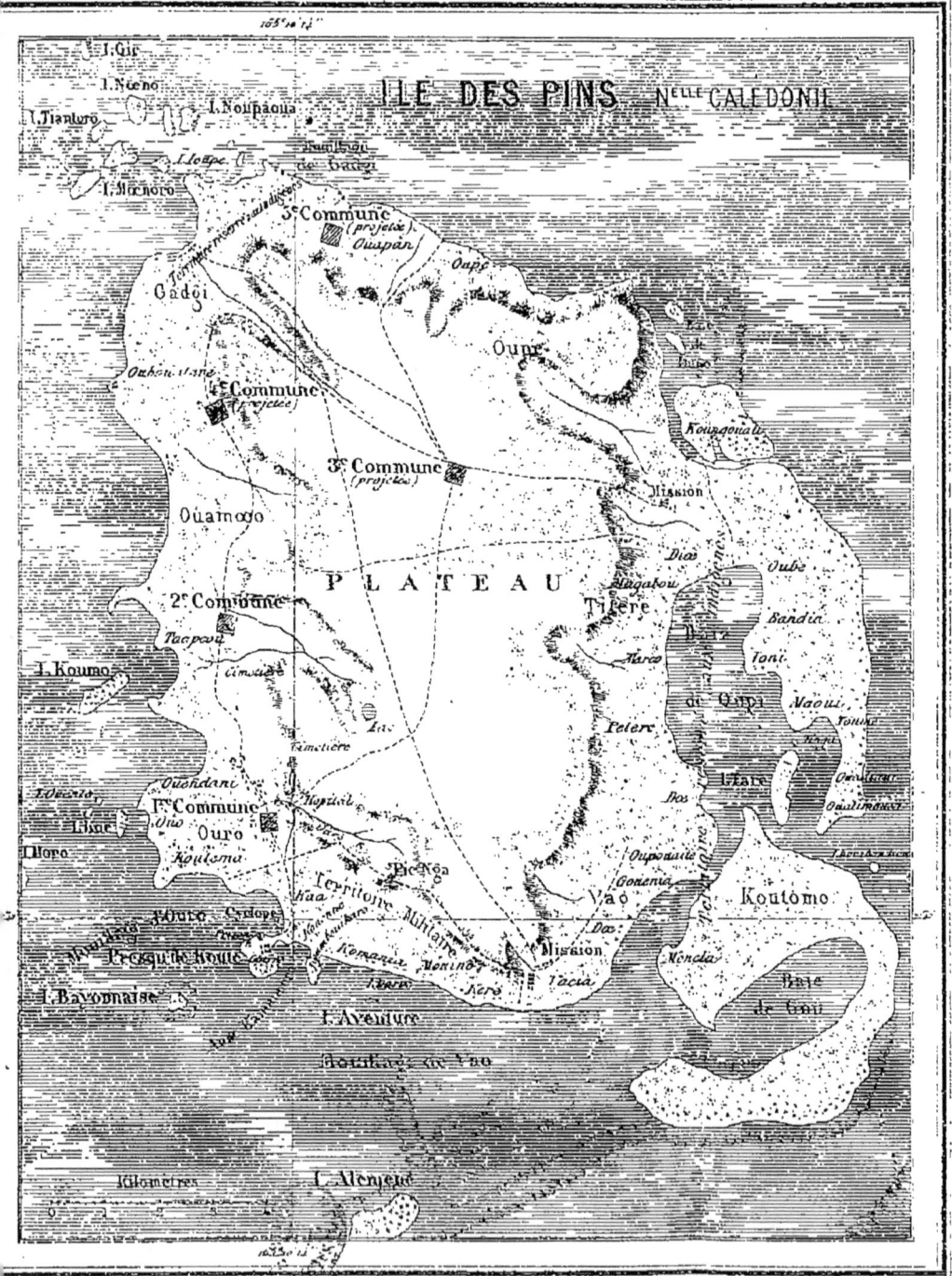

ILE DES PINS Nelle CALEDONIE

TABLE

TABLE   125

195.76. — Boulogne (Seine). — Imp. JULES BOYER.

PUBLICATIONS DU COMPTOIR GÉOGRAPHIQUE

DE

LASSAILLY FRÈRES

Collection de poche LASSAILLY, in-12 cour.

	fr. c.
Atlas de géographie générale, chromo, 12 cartes....................	» 50
— astronomique, chromo, par C. Flammarion, 9 planches, 1re partie	» 75
— des départements (et colonies de la France, contenant les routes, canaux, toutes les stations, 108 cartes chromo, reliure anglaise.	10 »
— cantonal du département de la Seine, 12 cartes............	1 »
— des environs de Paris, 18 cartes....................	1 50
Chaque carte de cette Collection se vend séparément...............	» 10

Nouveau plan de Paris au $\frac{1}{25000}$, chromo, avec carte du département de la Seine, demi-reliure................................ 2 »

Carte des chemins de fer de la Russie, en français, par le colonel Iline. 1 50

Mappemonde agricole et climatologique, par M. Legendre-Decluy, ingénieur, 1m 50 sur 1m 15, 4 feuilles..................... 12 »

        dito   montée sur bâtons.......... 24 »

Carte hydrologique de Seine-et-Marne, par M. Delesse, ingénieur en chef des mines, 2 feuilles.................................. 25 »

Carte générale de l'Europe centrale, par Jos. Schlacher, professeur à l'Académie militaire de Vienne, 15 feuilles en chromo, 4 couleurs.

    Cette carte, au $\frac{1}{1200000}$ forme un rectangle dont les lignes touchent, au nord, à Copenhague, à l'est, à Odessa, au sud, à Rome, à l'ouest, à l'océan Atlantique.

    Carte recommandée à MM. les officiers.

    Pour plus de renseignements, envoi *franco* de prospectus.

Le curvimètre, instrument de poche pour mesurer les lignes courbes sur les cartes... 1 50

www.ingramcontent.com/pod-product-compliance
Lightning Source LLC
Chambersburg PA
CBHW072116090426
42739CB00012B/2990